独検対応
クラウン
ドイツ語単語

CD付き

信岡資生・荻原耕平

CROWN
Wortschatz
Deutsch
die wichtigsten
1600 Wörter

三省堂

ＣＤナレーション	Detlef Arndt
ＣＤ録音	英語教育協議会（ELEC）
装丁・本文デザイン	志岐デザイン事務所（萩原　睦）

はじめに
本書を手にとってくださったあなたに

- この単語集は、財団法人ドイツ語学文学振興会が毎年夏冬2回実施するドイツ語技能検定試験（「**独検**」）の**5級・4級・3級**の合格を目指す人を対象に編んだものです。
- 本書では、著者の長年にわたる経験と独自の調査を基に、検定基準に示された初級学習や日常生活に必要なドイツ語の基礎単語約1,600を厳選して、それらの基本的意味を効率的に暗記しやすいよう簡潔に記述しました。
- 見出し語に必要に応じて示した**反義語・複合語・関連語はすべて本書記載の語**に限り、また文例を原則とする**用例も本書の見出し語のみで構成**して、自然に反復して単語が身につくよう配慮しました。
- 検定試験は筆記だけでなく、聞き取りもおこなわれますので、全見出し語についているカナを頼りに自分の口で唱えながら覚えるだけでなく、ベテラン・ネイティヴの吹き込み**CD**もご利用ください。
- 本書の活用によって検定合格の念願を果たされるならば、著者としてこれ以上うれしいことはありません。
- 本書の刊行は、数年前にさかのぼる企画からこれまで著者を支え、励まし、本づくりの最新技術を駆使して作業を進められた三省堂のみなさん、とりわけ外国語辞書編集室の宇野由美子氏の熱意と努力のお蔭によるものです。

日独交流150周年の晩秋

信岡資生・荻原耕平

目　次

はじめに …………………………………………………………… iii
本書の使い方……………………………………………………… vi
本書の見出し語について ……………………………………… viii
記号一覧 …………………………………………………………… x

5級　基礎編

- **名詞** ……… **セクション** 1〜10 ………………………… 2
- **コラム** …… 月名・曜日名 ………………………………… 18
- **動詞** ……… **セクション** 11〜15 ………………………… 19
- **その他** …… **セクション** 16〜23 ………………………… 40

4級　展開編

- **名詞** ……… **セクション** 24〜38 ………………………… 72
- **コラム** …… おもな都市名 ………………………………… 95

- **動詞** ……… セクション 39〜43 ……………………………… 96
- **その他** …… セクション 44〜51 ……………………………… 115

3級 仕上げ編

- **名詞** ……… セクション 52〜68 ……………………………… 144
- **コラム** …… 時刻の表し方 …………………………………… 169
- **動詞** ……… セクション 69〜75 ……………………………… 170
- **その他** …… セクション 76〜80 ……………………………… 198

おもな国名 ……………………………………………………… 215
基数・序数 ……………………………………………………… 216
文法表 …………………………………………………………… 218
おもな不規則動詞の変化表 …………………………………… 224

索引 ……………………………………………………………… 231

本書の使い方

名詞

冠詞
名詞の項目では、男性/女性/中性/複数形を表す定冠詞 der/die/das/die もあわせて表示しています。

CDトラックナンバー

複数形
〜は見出し語にあたる部分。物質名詞やふつう単数で使う名詞には複数形を挙げていません。

発音
カタカナで表示。太字はアクセントの位置を示すので強く読みます。

女性形

関連語

反義語

複合語
赤字は見出し語にあたる部分。

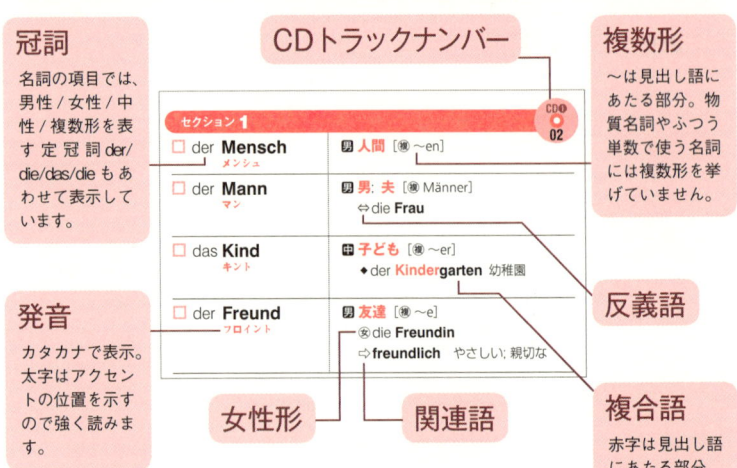

動詞

不規則な変化をする現在人称変化を表示しています。

分離動詞
｜ は分離線を表しています。

不規則動詞の3基本形
＜不定形 - 過去基本形 - 過去分詞＞

目的語の格を表示しています。

用例
赤字は見出し語にあたる部分。

**反義語、複合語、関連語および用例に出てくる単語は、
本書に収録されている語で構成されています。**

その他の品詞　　形容詞・副詞・接続詞・前置詞・代名詞・数詞・間投詞

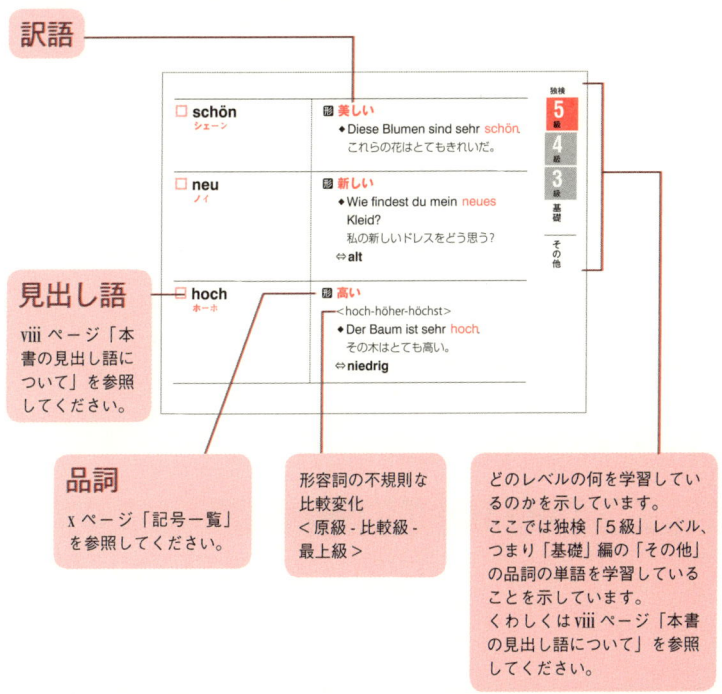

訳語

見出し語
viii ページ「本書の見出し語について」を参照してください。

品詞
x ページ「記号一覧」を参照してください。

形容詞の不規則な比較変化
<原級 - 比較級 - 最上級>

どのレベルの何を学習しているのかを示しています。
ここでは独検「5級」レベル、つまり「基礎」編の「その他」の品詞の単語を学習していることを示しています。
くわしくは viii ページ「本書の見出し語について」を参照してください。

CD
「名詞」、「動詞」、「その他」のすべての見出し語、および「動詞」、「その他」の用例を収録しています。
収録時間　CD1　66 分
　　　　　 CD2　61 分

付属の赤シート
発音や訳語は赤字になっています。付属の赤シートをかぶせると隠すことができます。単語の暗記に役立ててください。

vii

本書の見出し語について

本書は見出し語として、基礎単語1625語を選びました。
単語は、名詞、動詞、その他の品詞の三つに分類しました。
それぞれ、独検5級、4級、3級のレベルに合わせて、基礎編、展開編、仕上げ編の3段階に区分しました。
5級合格を目指す人は、まず基礎編の単語を覚えていただきたいと思います。
見出し語は、80セクションに分類し、1セクション約20語ずつに配分しました。ひとつひとつのセクションは、覚えやすいように、関連する語をまとめてグループ分けしています。
1日1セクションずつ学習すれば、23日間で基礎編、独検5級レベルの単語をマスターできます。
独検4級合格を目指す人は、基礎編+展開編を、51日間で、独検3級合格を目指す人は、基礎編+展開編+仕上げ編を、80日間でマスターできます。
内訳は以下の通りです。

基礎編(独検5級レベル)　470語　　　　23セクション
名詞・・・・・・・・・・・・・・・・205語・・・・・・・・・・・・・・・・10セクション
動詞・・・・・・・・・・・・・・・・　98語・・・・・・・・・・・・・・・・　5セクション
その他・・・・・・・・・・・・・・・167語・・・・・・・・・・・・・・・・　8セクション

展開編(独検4級レベル)　575語　　　　28セクション
名詞・・・・・・・・・・・・・・・・313語・・・・・・・・・・・・・・・・15セクション
動詞・・・・・・・・・・・・・・・・100語・・・・・・・・・・・・・・・・　5セクション
その他・・・・・・・・・・・・・・・162語・・・・・・・・・・・・・・・・　8セクション

仕上げ編(独検3級レベル)　580語　　　　29セクション
名詞・・・・・・・・・・・・・・・・336語・・・・・・・・・・・・・・・・17セクション

動詞・・・・・・・・・・・・・・・・・・・148語・・・・・・・・・・・・・・・・・・7セクション
その他・・・・・・・・・・・・・・・・・96語・・・・・・・・・・・・・・・・・・5セクション
各セクションのグループ分けは、およそ以下のようになっています。

5級名詞

- §1 (21語) 人を表す語／家族／友人
- §2 (17語) 職業／体の部位／体に関する語／心・感情
- §3 (21語) 住居／家具・日用品
- §4 (19語) 町・建物・施設／買い物
- §5 (22語) 飲食
- §6 (19語) 衣服・身の回り品／余暇／ビジネス
- §7 (18語) 学校・教育／言葉に関する語／通信
- §8 (16語) 交通／地域／問題など
- §9 (26語) 自然／植物／動物
- §10 (26語) 時間／暦／季節／方角

5級動詞

- §11 (10語) 重要な動詞／話法の助動詞
- §12 (16語) 思考・知識・発見／心・感情／感覚
- §13 (24語) コミュニケーション／飲食／買い物
- §14 (24語) 状態・状況／学習／天気
- §15 (24語) 移動／動作

5級その他の品詞

- §16 (21語) 人の状態／人の性質
- §17 (20語) ものの状態
- §18 (24語) 判断・評価／色／経済／天気
- §19 (22語) 場所・空間／時
- §20 (18語) 頻度／程度／数量
- §21 (23語) 日常会話でよく使う語／並列の接続詞／従属の接続詞
- §22 (22語) 2格支配の前置詞／3格支配の前置詞／4格支配の前置詞／3・4格支配の前置詞
- §23 (17語) 疑問詞／代名詞

4級名詞

- §24 (19語) 人を表す語／家族
- §25 (18語) 職業
- §26 (21語) 体の部位／体に関する語
- §27 (20語) 心・感情／住居
- §28 (26語) 家具・日用品／町・建物・施設
- §29 (23語) 飲食
- §30 (18語) 衣服・身の回り品
- §31 (19語) 余暇
- §32 (26語) 買い物／ビジネス
- §33 (23語) 学校・教育
- §34 (20語) 言葉に関する語／行事／コミュニケーション
- §35 (22語) 通信／交通
- §36 (17語) 旅行／地域
- §37 (23語) 社会・制度／単位・数など
- §38 (18語) 自然

4級動詞

- §39 (12語) 心・感情／感覚
- §40 (19語) コミュニケーション
- §41 (23語) 日常生活
- §42 (22語) 状態・状況／余暇／買い物
- §43 (24語) 学習／動作

4級その他の品詞

- §44 (19語) 人の状態／人の性質
- §45 (21語) 判断・評価／可能性・確実性

§46（17語）必要性・難易／コミュニケーション／類似・相違など
§47（20語）ものの状態／天気
§48（17語）場所・空間

§49（21語）時
§50（26語）程度／原因／数量／強調など
§51（21語）日常会話でよく使う語／接続詞／前置詞

3級名詞

§52（16語）人を表す語／家族
§53（26語）職業
§54（16語）体の部位／体に関する語
§55（23語）心・感情
§56（23語）住居／家具・日用品
§57（24語）町・建物・施設／買い物
§58（18語）飲食
§59（22語）衣服・身の回り品／余暇
§60（17語）ビジネス
§61（28語）学校・教育
§62（17語）考え・概念など
§63（14語）言葉に関する語／行動
§64（14語）宗教／運など／力／挨拶
§65（26語）社会・制度
§66（18語）状況など／自然
§67（14語）天気／動物
§68（20語）時間／単位・数など

3級動詞

§69（24語）心・感情／感覚
§70（19語）コミュニケーション／命令・支配など
§71（23語）日常生活／状態・状況
§72（25語）ビジネス
§73（17語）学習／余暇／創造・破壊など
§74（17語）自然現象など／移動
§75（23語）動作

3級その他の品詞

§76（23語）人の状態／人の性質
§77（18語）ものの状態／飲食
§78（20語）色／社会・制度／経済
§79（17語）場所・空間／時
§80（18語）頻度／程度など／日常会話でよく使う語／接続詞

記号一覧

男 男性名詞	**形** 形容詞	**間** 間投詞	..³	人／物・事の3格
女 女性名詞	**副** 副詞	**女** 女性形	..⁴	人／物・事の4格
中 中性名詞	**接** 接続詞	**男** 男性形	（形容詞変化）	形容詞変化の名詞
複 複数名詞	**前** 前置詞	◆ 複合語・用例		
動 動詞	**代** 代名詞	⇨ 関連語		
助動 助動詞	**数** 数詞	⇔ 反義語		

基礎編

5級

- 名詞 —— 2ページ
- 動詞 —— 19ページ
- その他 —— 40ページ

セクション 1

- der **Mensch**
  メンシュ
  男 人間 [複 〜en]

- die **Leute**
  ロイテ
  複 人々

- der **Mann**
  マン
  男 男; 夫 [複 Männer]
  ⇔ die **Frau**

- die **Frau**
  フラオ
  女 女; 妻;（女性に対して）…さん
  [複 〜en]
  ⇔ der **Mann**

- das **Kind**
  キント
  中 子ども [複 〜er]
  ◆ der **Kinder**garten 幼稚園

- der **Junge**
  ユンゲ
  男 男の子 [複 〜n]
  ⇔ das **Mädchen**

- das **Mädchen**
  メートヒェン
  中 女の子 [複 〜]
  ⇔ der **Junge**

- der **Herr**
  ヘル
  男 紳士; 男性;（男性に対して）…さん
  [複 〜en]
  ⇔ die **Dame**

- die **Dame**
  ダーメ
  女 レディー; 女性 [複 〜n]
  ⇔ der **Herr**

- der **Name**
  ナーメ
  男 名前 [複 〜n]
  ◆ der **Vor**name ファーストネーム

☐ die **Familie** ファミーリエ	囡 家族 [複 ～n]	
☐ die **Eltern** エルターン	複 両親	
☐ der **Vater** ファーター	男 父 [複 Väter] ⇔ die **Mutter**	
☐ die **Mutter** ムッター	囡 母 [複 Mütter] ⇔ der **Vater**	
☐ der **Sohn** ゾーン	男 息子 [複 Söhne] ⇔ die **Tochter**	
☐ die **Tochter** トホター	囡 娘 [複 Töchter] ⇔ der **Sohn**	
☐ der **Bruder** ブルーダー	男 兄弟; 兄; 弟 [複 Brüder] ⇔ die **Schwester**	
☐ die **Schwester** シュヴェスター	囡 姉妹; 姉; 妹 [複 ～n] ⇔ der **Bruder**	
☐ der **Freund** フロイント	男 友達 [複 ～e] 囡 die **Freundin** ⇨ **freundlich** やさしい; 親切な	
☐ der **Gast** ガスト	男 客 [複 Gäste]	
☐ das **Wiedersehen** ヴィーダーゼーエン	中 再会 ◆ Auf Wiedersehen! さようなら	

独検 5級 4級 3級 基礎

名詞

セクション 2

- [ ] der **Arbeiter**
  アルバイター

  男 **労働者** [複 〜]
  女 die **Arbeiterin**

- [ ] der **Arzt**
  アールツト

  男 **医者** [複 Ärzte]
  女 die **Ärztin**

- [ ] der **Lehrer**
  レーラー

  男 **先生** [複 〜]
  女 die **Lehrerin**

- [ ] der **Kopf**
  コプフ

  男 **頭** [複 Köpfe]

- [ ] das **Gesicht**
  ゲズィヒト

  中 **顔** [複 〜er]

- [ ] das **Herz**
  ヘルツ

  中 **心臓**, **心** [複 〜en]

- [ ] die **Hand**
  ハント

  女 **手** [複 Hände]

- [ ] der **Fuß**
  フース

  男 **足** [複 Füße]
  ◆ der **Fuß**gänger 歩行者
  ◆ zu Fuß 徒歩で

- [ ] der **Zahn**
  ツァーン

  男 **歯** [複 Zähne]
  ◆ der **Zahn**arzt 歯医者

- [ ] das **Fieber**
  フィーバー

  中 **熱**

- [ ] der **Hunger**
  フンガー

  男 **空腹**
  ⇔ der **Durst**

☐	der **Durst** ドゥルスト	男 **のどの渇き** ⇔ der **Hunger**
☐	das **Leben** レーベン	中 **生命**; **生活**; **人生** [複 ～] ⇔ der **Tod**
☐	die **Freude** フロイデ	女 **喜び**
☐	das **Glück** グリュック	中 **幸運**; **幸福** ◆ Glück haben 運がよい ⇨ **glücklich** 幸福な
☐	die **Liebe** リーベ	女 **愛** ⇨ **lieben** 愛する
☐	der **Traum** トラオム	男 **夢** [複 Träume] ⇨ **träumen** 夢を見る

セクション **3**

☐	das **Haus** ハオス	中 **家** [複 Häuser] ◆ die **Haus**frau 主婦
☐	die **Wohnung** ヴォーヌング	女 **住居** [複 ～en]
☐	das **Zimmer** ツィマー	中 **部屋** [複 ～] ◆ das **Wohn**zimmer リビングルーム
☐	der **Garten** ガルテン	男 **庭** [複 Gärten]
☐	die **Tür** テューア	女 **ドア** [複 ～en]

☐	das **Fenster**　フェンスター	中 窓　[複 〜]
☐	das **Bad**　バート	中 浴室; 入浴　[複 Bäder] ◆ das **Schwimmbad**　プール ⇨ **baden**　ふろに入る
☐	die **Toilette**　トアレッテ	女 トイレ　[複 〜n]
☐	die **Küche**　キュッヒェ	女 キッチン　[複 〜n]
☐	das **Bett**　ベット	中 ベッド　[複 〜en] ◆ ins **Bett** gehen　寝る
☐	der **Tisch**　ティッシュ	男 テーブル　[複 〜e] ◆ der **Nachtisch**　デザート
☐	der **Stuhl**　シュトゥール	男 いす　[複 Stühle]
☐	das **Sofa**　ゾーファ	中 ソファー　[複 〜s]
☐	das **Telefon**　テレフォーン	中 電話　[複 〜e] ⇨ **telefonieren**　電話で話す
☐	das **Radio**　ラーディオ	中 ラジオ　[複 〜s]
☐	die **Uhr**　ウーア	女 時計; …時　[複 〜en]
☐	die **Kamera**　カメラ	女 カメラ　[複 〜s]
☐	der **Computer**　コンピューター	男 コンピューター　[複 〜]

☐ die **Maschine** マシーネ	女 機械 [複 〜n] ◆ die **Wasch**maschine 洗濯機
☐ das **Papier** パピーア	中 紙
☐ das **Ding** ディング	中 もの; ものごと [複 〜e]

セクション 4

☐ die **Stadt** シュタット	女 町; 都市 [複 Städte] ◆ der **Stadt**plan 市街地図
☐ das **Dorf** ドルフ	中 村 [複 Dörfer]
☐ die **Straße** シュトラーセ	女 通り [複 〜n] ◆ die **Haupt**straße 大通り
☐ der **Weg** ヴェーク	男 道; 方法 [複 〜e]
☐ der **Bahnhof** バーンホーフ	男 駅 [複 -höfe]
☐ das **Rathaus** ラートハオス	中 市役所 [複 -häuser]
☐ die **Kirche** キルヒェ	女 教会 [複 〜n]
☐ die **Polizei** ポリツァイ	女 警察
☐ die **Bank** バンク	女 銀行 [複 〜en]
☐ die **Bank** バンク	女 ベンチ [複 Bänke]

☐	das **Kaufhaus** カオフハオス	中 デパート [複 -häuser]
☐	das **Geschäft** ゲシェフト	中 店; 商売 [複 ～e]
☐	das **Hotel** ホテル	中 ホテル [複 ～s]
☐	das **Restaurant** レストラーン	中 レストラン [複 ～s]
☐	der **Platz** プラッツ	男 広場; 場所; 席 [複 Plätze] ◆ der **Markt**platz （中央）広場
☐	die **Mitte** ミッテ	女 まん中; 中心 ⇨ **mitten** まん中に
☐	das **Geld** ゲルト	中 お金
☐	der **Euro** オイロ	男 ユーロ （通貨単位） [複 ～(s)]
☐	das **Geschenk** ゲシェンク	中 プレゼント [複 ～e] ⇨ **schenken** 贈る

セクション 5

☐	das **Essen** エッセン	中 食事 [複 ～]
☐	die **Suppe** ズッペ	女 スープ [複 ～n]
☐	das **Brot** ブロート	中 パン [複 ～e]
☐	der **Reis** ライス	男 米

CD❶ 06

□ die **Butter** ブッター	囡 バター
□ das **Fleisch** フライシュ	中 肉
□ der **Fisch** フィッシュ	男 魚 [複 ～e]
□ das **Ei** アイ	中 卵 [複 ～er]
□ der **Salat** ザラート	男 サラダ [複 ～e]
□ das **Gemüse** ゲミューゼ	中 野菜 [複 ～]
□ das **Obst** オープスト	中 果物
□ der **Apfel** アプフェル	男 リンゴ [複 Äpfel]
□ der **Kuchen** クーヘン	男 ケーキ [複 ～] ◆ ein Stück Kuchen ケーキひと切れ
□ das **Stück** シュテュック	中 部分; …個 [複 ～e]
□ der **Zucker** ツッカー	男 砂糖
□ das **Bier** ビーア	中 ビール
□ der **Wein** ヴァイン	男 ワイン
□ die **Milch** ミルヒ	囡 牛乳
□ der **Tee** テー	男 お茶

☐	der **Kaffee** カフェ	男 コーヒー
☐	das **Frühstück** フリューシュテュック	中 朝食 [複 〜e]
☐	das **Glas** グラース	中 グラス; ガラス [複 Gläser]

セクション 6　CD① 07

☐	die **Jacke** ヤッケ	女 上着 [複 〜n]
☐	die **Brille** ブリレ	女 めがね [複 〜n]
☐	der **Schuh** シュー	男 靴 [複 〜e]
☐	die **Tasche** タッシェ	女 バッグ; ポケット [複 〜n] ◆ die **Hand**tasche　ハンドバッグ
☐	das **Bild** ビルト	中 絵; 写真 [複 〜er]
☐	der **Film** フィルム	男 映画; フィルム [複 〜e]
☐	die **Musik** ムズィーク	女 音楽
☐	das **Lied** リート	中 歌 [複 〜er]
☐	das **Theater** テアーター	中 劇場; 劇 [複 〜]
☐	die **Reise** ライゼ	女 旅行 [複 〜n] ◆ das **Reise**büro　旅行代理店
☐	der **Sport** シュポルト	男 スポーツ

☐ das **Buch** ブーフ	中 **本** [複 Bücher] ◆ die **Buch**handlung 書店
☐ die **Zeitung** ツァイトゥング	女 **新聞** [複 〜en]
☐ die **Arbeit** アルバイト	女 **仕事** [複 〜en] ◆ **arbeits**los 失業中の ⇨ **arbeiten** 働く
☐ der **Beruf** ベルーフ	男 **職業** [複 〜e]
☐ das **Werk** ヴェルク	中 **仕事**; **作品** [複 〜e]
☐ die **Firma** フィルマ	女 **会社** [複 Firmen]
☐ das **Büro** ビューロー	中 **オフィス** [複 〜s] ◆ das **Reise**büro 旅行代理店
☐ der **Urlaub** ウーアラオブ	男 (勤労者の) **休暇** [複 〜e] ⇨ die **Ferien** （学校などの）休暇

セクション 7

☐ die **Schule** シューレ	女 **学校** [複 〜n]
☐ der **Schüler** シューラー	男 **生徒** [複 〜] 女 die **Schülerin**
☐ das **Gymnasium** ギュムナーズィウム	中 **ギムナジウム** [複 Gymnasien]
☐ die **Hochschule** ホーホシューレ	女 (単科) **大学** [複 〜n]

☐	die **Universität** ウニヴェルズィテート	囡 (総合) **大学** [圈 〜en]
☐	der **Student** シュトゥデント	男 **大学生** [圈 〜en] 囡 die **Studentin**
☐	die **Prüfung** プリューフング	囡 **試験** [圈 〜en]
☐	die **Ferien** フェーリエン	圈 (学校などの) **休暇**
☐	das **Wort** ヴォルト	中 **単語**: **言葉** [圈 Wörter; 〜e] ◆ das **Wörterbuch** 辞書
☐	die **Sprache** シュプラーヘ	囡 **言語** [圈 〜n] ◆ die **Fremdsprache** 外国語
☐	die **Frage** フラーゲ	囡 **質問**: **問題** [圈 〜n]
☐	die **Antwort** アントヴォルト	囡 **答え** [圈 〜en] ⇔ die **Frage**
☐	die **Geschichte** ゲシヒテ	囡 **歴史**: **物語** [圈 〜n]
☐	das **Märchen** メーアヒェン	中 **童話** [圈 〜]
☐	die **Post** ポスト	囡 **郵便局**: **郵便** [圈 〜en] ◆ die **Postkarte** はがき
☐	die **Adresse** アドレッセ	囡 **住所** [圈 〜n]
☐	der **Brief** ブリーフ	男 **手紙** [圈 〜e] ◆ die **Briefmarke** 切手

☐	die **E-Mail** イーメイル	女 **Eメール** [複 ～s]

セクション **8**

☐	der **Zug** ツーク	男 **列車**; **行列** [複 Züge]
☐	die **Straßenbahn** シュトラーセンバーン	女 **市街電車** [複 ～en]
☐	das **Auto** アオト	中 **自動車** [複 ～s] ◆ die **Autobahn** アウトバーン
☐	der **Wagen** ヴァーゲン	男 （自動）**車** [複 ～]
☐	das **Taxi** タクスィ	中 **タクシー** [複 ～s]
☐	der **Bus** ブス	男 **バス** [複 ～se]
☐	das **Fahrrad** ファールラート	中 **自転車** [複 -räder]
☐	das **Flugzeug** フルークツォイク	中 **飛行機** [複 ～e]
☐	die **Welt** ヴェルト	女 **世界**
☐	das **Ausland** アオスラント	中 **外国** ⇨ der **Ausländer** 外国人
☐	die **Heimat** ハイマート	女 **故郷**
☐	(das) **Europa** オイローパ	中 **ヨーロッパ**
☐	das **Problem** プロブレーム	中 **問題** [複 ～e]

独検 5級 4級 3級 基礎

名詞

CD① 09

☐ die **Sache** ザッヘ	女 **もの**; **事柄** [複 〜n]
☐ der **Plan** プラーン	男 **計画** [複 Pläne]
☐ die **Vorsicht** フォーアズィヒト	女 **用心**

セクション **9**　　CD❶ 10

☐ die **Natur** ナトゥーア	女 **自然** ⇨ **natürlich**　もちろん
☐ die **Sonne** ゾネ	女 **太陽**
☐ der **Himmel** ヒメル	男 **空**
☐ das **Feuer** フォイアー	中 **火**; **火事** [複 〜]
☐ das **Wasser** ヴァッサー	中 **水**
☐ der **See** ゼー	男 **湖** [複 〜n]
☐ die **See** ゼー	女 **海**
☐ das **Meer** メーア	中 **海** [複 〜e]
☐ der **Fluss** フルス	男 **川** [複 Flüsse]
☐ die **Erde** エーアデ	女 **地面**; **地球**
☐ das **Land** ラント	中 **国**; **いなか**; **陸地** [複 Länder] ⇨ die **Landschaft**　風景

☐ der **Berg** ベルク	男 山 [複 ~e]	
☐ der **Wald** ヴァルト	男 森 [複 Wälder]	
☐ der **Stein** シュタイン	男 石 [複 ~e]	
☐ der **Wind** ヴィント	男 風 [複 ~e]	
☐ das **Wetter** ヴェッター	中 天気	
☐ die **Pflanze** プフランツェ	女 植物 [複 ~n]	
☐ der **Baum** バオム	男 木 [複 Bäume]	
☐ die **Blume** ブルーメ	女 花 [複 ~n]	
☐ das **Gras** グラース	中 草 [複 Gräser]	
☐ das **Blatt** ブラット	中 葉；(1枚の) 紙 [複 Blätter]	
☐ die **Rose** ローゼ	女 バラ [複 ~n]	
☐ das **Tier** ティーア	中 動物 [複 ~e]	
☐ der **Hund** フント	男 犬 [複 ~e]	
☐ die **Katze** カッツェ	女 猫 [複 ~n]	
☐ der **Vogel** フォーゲル	男 鳥 [複 Vögel]	

独検 5級 / 4級 / 3級 / 基礎

名詞

セクション 10

- der **Morgen**
  モルゲン
  - 男 朝 [複 〜]
    - ◆ Guten Morgen! おはようございます

- der **Vormittag**
  フォーアミッターク
  - 男 午前 [複 〜e]

- der **Mittag**
  ミッターク
  - 男 正午; 昼 [複 〜e]

- der **Nachmittag**
  ナーハミッターク
  - 男 午後 [複 〜e]

- der **Abend**
  アーベント
  - 男 夕方; 晩 [複 〜e]
    - ◆ Guten Abend! こんばんは

- die **Nacht**
  ナハト
  - 女 夜 [複 Nächte]
    - ◆ die Mitternacht 真夜中
    - ◆ Gute Nacht! おやすみなさい

- der **Tag**
  ターク
  - 男 日; 昼 [複 〜e]
    - ◆ der Geburtstag 誕生日
    - ◆ Guten Tag! こんにちは

- die **Zeit**
  ツァイト
  - 女 時; 時間

- die **Stunde**
  シュトゥンデ
  - 女 時間 (60分) [複 〜n]

- die **Minute**
  ミヌーテ
  - 女 分 [複 〜n]

- die **Sekunde**
  ゼクンデ
  - 女 秒 [複 〜n]

- das **Jahr**
  ヤール
  - 中 年 [複 〜e]
    - ◆ die Jahreszeit 季節

☐ der **Monat** モーナト	男 (暦の)月 [複 〜e]	
☐ die **Woche** ヴォッヘ	女 週 [複 〜n]	
☐ der **Geburtstag** ゲブーアツターク	男 誕生日 [複 〜e]	
☐ (das) **Weihnachten** ヴァイナハテン	中 クリスマス [複 〜]	
☐ der **Anfang** アンファング	男 初め; 始まり [複 Anfänge] ⇔ das Ende	
☐ das **Ende** エンデ	中 終わり [複 〜n] ⇔ der Anfang	
☐ der **Frühling** フリューリング	男 春 [複 〜e]	
☐ der **Sommer** ゾマー	男 夏 [複 〜]	
☐ der **Herbst** ヘルプスト	男 秋 [複 〜e]	
☐ der **Winter** ヴィンター	男 冬 [複 〜]	
☐ der **Norden** ノルデン	男 北	
☐ der **Süden** ズューデン	男 南	
☐ der **Osten** オステン	男 東	
☐ der **Westen** ヴェステン	男 西	

独検 5級 4級 3級 基礎

名詞

❖──月名

der **Januar** ヤヌアール	1月	
der **Februar** フェーブルアール	2月	
der **März** メルツ	3月	
der **April** アプリル	4月	
der **Mai** マイ	5月	
der **Juni** ユーニ	6月	
der **Juli** ユーリ	7月	
der **August** アオグスト	8月	
der **September** ゼプテンバー	9月	
der **Oktober** オクトーバー	10月	
der **November** ノヴェンバー	11月	
der **Dezember** デツェンバー	12月	

❖──曜日名

der **Montag**（Mo.） モーンターク	月曜日	
der **Dienstag**（Di.） ディーンスターク	火曜日	
der **Mittwoch**（Mi.） ミットヴォッホ	水曜日	
der **Donnerstag**（Do.） ドナースターク	木曜日	
der **Freitag**（Fr.） フライターク	金曜日	
der **Samstag**（Sa.） ザムスターク	土曜日	
der **Sonntag**（So.） ゾンターク	日曜日	

（　）内は略語

セクション 11

☐ sein
ザイン

ich bin	*wir* sind
du bist	*ihr* seid
er ist	*sie* sind

動 (…で) **ある**; (…に) **いる**
<sein-war-gewesen>

◆ Ich **bin** Student.
　私は大学生です。
◆ In diesem Bach **sind** viele Fische.
　この小川にはたくさんの魚がいる。
◆ (完了の助動詞として)
　Wir **sind** gestern Abend ins Theater gegangen.
　私たちは昨晩演劇を見に行った。

☐ haben
ハーベン

ich habe	*wir* haben
du hast	*ihr* habt
er hat	*sie* haben

動 (…^{4} を) **持っている**
<haben-hatte-gehabt>

◆ Ich **habe** ein neues Handy.
　私は新しい携帯電話を持っている。
◆ (完了の助動詞として)
　Sie **hat** Geige gelernt.
　彼女はバイオリンを習った。

☐ werden
ヴェーアデン

ich werde
du wirst
er wird
wir werden
ihr werdet
sie werden

動 (…に) **なる**
<werden-wurde-geworden (worden)>

◆ Barbara **wird** bald Mutter.
　バルバラはもうすぐお母さんになる。
◆ (未来の助動詞として)
　Es **wird** bald regnen.
　まもなく雨になるだろう。
◆ (受け身の助動詞として)
　Das Kind **wird** von allen geliebt.
　その子はみんなから愛されている。

☐ **dürfen**
デュルフェン

ich darf   *wir* dürfen
du darfst   *ihr* dürft
er darf   *sie* dürfen

助動 **…してもよい**:
（否定文で）**…してはいけない**
＜dürfen-durfte-dürfen（gedurft）＞
- ◆ Darf ich das Fenster öffnen?
  窓を開けてもいいですか？
- ◆ Hier darf man nicht parken.
  ここに駐車してはいけない。

☐ **können**
ケネン

ich kann   *wir* können
du kannst   *ihr* könnt
er kann   *sie* können

助動 **…できる**; **…かもしれない**
＜können-konnte-können（gekonnt）＞
- ◆ Mein Mann kann gut kochen.
  夫はじょうずに料理ができる。
- ◆ Das kann wahr sein.
  それは本当かもしれない。

☐ **mögen**
メーゲン

ich mag   *wir* mögen
du magst   *ihr* mögt
er mag   *sie* mögen

助動 **…かもしれない**
＜mögen-mochte-mögen（gemocht）＞
- ◆ Das mag richtig sein.
  そのとおりかもしれない。

動（…^{4}を）**好む**
- ◆ Meine Schwester mag keinen Käse.
  妹はチーズが好きではない。

☐ **müssen**
ミュッセン

ich muss   *wir* müssen
du musst   *ihr* müsst
er muss   *sie* müssen

助動 **…しなければならない**;
…にちがいない
＜müssen-musste-müssen（gemusst）＞
- ◆ Ich muss heute zum Arzt gehen.
  私はきょう医者に行かなくてはならない。
- ◆ Der Lehrer muss krank sein.

先生は病気にちがいない。

sollen
ゾレン

ich soll　　wir sollen
du sollst　　ihr sollt
er soll　　　sie sollen

助動 …すべきだ: …だそうだ

<sollen-sollte-sollen(gesollt)>

◆ Was soll ich tun?
　私は何をするべきでしょうか？
◆ Sein Onkel soll sehr reich sein.
　彼のおじさんはたいへんなお金持ちだそうだ。

wollen
ヴォレン

ich will　　wir wollen
du willst　　ihr wollt
er will　　　sie wollen

助動 …するつもりだ

<wollen-wollte-wollen(gewollt)>

◆ Lena will Schauspielerin werden.
　レーナは女優になるつもりです。

möchte
メヒテ

ich möchte
du möchtest
er möchte
wir möchten
ihr möchtet
sie möchten

助動 …したい

◆ Ich möchte gern Herrn Schmidt sprechen.
　私はシュミットさんにお目にかかりたいのですが。

動 (…⁴ が) 欲しい

◆ Ich möchte bitte noch ein Glas Bier.
　すみませんがビールをもう1杯ください。

セクション 12

denken
デンケン

動 考える:（an …⁴ のことを）思う

<denken-dachte-gedacht>

◆ Sie denkt praktisch.

彼女は実用的な考え方をする。
- ◆ Philipp denkt immer an seine Familie.
  フィリップはいつも家族のことを思っている。

☐ **glauben**
グラオベン

動 **思う**；(an..⁴ の存在を) **信じる**
- ◆ Ich glaube, dass das Wetter bald besser wird.
  天気はまもなくよくなると私は思います。
- ◆ Glaubst du an Gott?
  君は神を信じるかい?

☐ **erzählen**
エアツェーレン

動 (..⁴ を) **物語る**
- ◆ Die Großmutter erzählt den Kindern ein Märchen.
  祖母が子どもたちにメルヘンを語ってきかせる。

☐ **kennen**
ケネン

動 (..⁴ を)(体験して) **知っている**；(人⁴ と) **知り合いである**
<kennen-kannte-gekannt>
- ◆ Ich kenne die Stadt gut.
  私はその町のことをよく知っている。
- ◆ Kennst du seinen Vater?
  彼のお父さんを知ってる?

☐ **wissen**
ヴィッセン

ich weiß

動 (..⁴ を)(知識として) **知っている**；**わかっている**
<wissen-wusste-gewusst>

du weißt *er* weiß	◆ **Weißt** du seine Adresse? 君は彼の住所を知ってるかい? ◆ Ich **weiß** nicht, wann er kommt. 彼がいつ来るのかわかりません。
☐ **finden** フィンデン	動 (‥⁴ を) **見つける**; (‥⁴ を…だと) **思う** <finden-fand-gefunden> ◆ Daniel **findet** den Schlüssel. ダーニエルはかぎを見つける。 ◆ Ich **finde** dein neues Kleid sehr schön. 私は君の新しいドレスをとてもきれいだと思う。
☐ **vergessen** フェアゲッセン *du* vergisst *er* vergisst	動 (‥⁴ を) **忘れる** <vergessen-vergaß-vergessen> ◆ Ich habe seinen Namen **vergessen**. 私は彼の名前を忘れてしまった。
☐ **lieben** リーベン	動 (‥⁴ を) **愛する** ◆ Julia **liebt** ihre Kinder. ユーリアは子どもたちを愛している。
☐ **freuen** フロイエン	動 (**sich**⁴ über‥⁴ を) **喜ぶ**; (**sich**⁴ auf‥⁴ を) **楽しみにする** ◆ Das Kind **freut** sich über die Geschenke. 子どもはプレゼントを喜んでいる。 ◆ Die Schüler **freuen** sich schon

独検 5級 4級 3級 基礎 動詞

auf die Sommerferien.
生徒たちはもう夏休みを楽しみにしている。

☐ **danken**
ダンケン

🔵 **感謝する; 礼を言う**
◆ Ich danke Ihnen für die Einladung.
ご招待ありがとうございます。

☐ **gefallen**
ゲファレン
du gefällst
er gefällt

🔵 (..³ の) **気に入る**
<gefallen-gefiel-gefallen>
◆ Dieser Anzug gefällt mir gut.
私はこのスーツが気に入っている。

☐ **sehen**
ゼーエン
du siehst
er sieht

🔵 (..⁴ を) **見る**
<sehen-sah-gesehen>
◆ Sehen Sie den Turm der Kirche dort?
あそこの教会の塔が見えますか?

☐ **hören**
ヘーレン

🔵 (..⁴ を) **聞く**
◆ Mein Vater hört Radio.
父はラジオを聞いている。

☐ **lachen**
ラッヘン

🔵 **笑う**
◆ Die Studenten lachen über seinen Witz sehr.
学生たちは彼のジョークに大笑いする。

☐ **weinen** ヴァイネン	動 **泣く** ◆ Die Braut weint wie ein Kind. 花嫁は子どものように泣いている。
☐ **fühlen** フューレン	動 **感じる**; (sich⁴) (自分を) **…と感じる** ◆ Er fühlte starke Schmerzen. 彼は強い痛みを感じた。 ◆ Ich fühle mich etwas besser. 私は気分が少しよくなった。

セクション 13

☐ **sagen** ザーゲン	動 (‥⁴ を) **言う** ◆ Wir sagen unserem Lehrer die Wahrheit. 私たちは先生に本当のことを言う。
☐ **sprechen** シュプレッヒェン *du* sprichst *er* spricht	動 **話す** \<sprechen-sprach-gesprochen\> ◆ Sakura spricht sehr gut Deutsch. サクラはドイツ語をとてもじょうずに話す。
☐ **an|rufen** アンルーフェン	動 (‥⁴ に) **電話する** \<anrufen-rief...an-angerufen\> ◆ Ich rufe Sie morgen Abend an. 明日の夕方あなたに電話します。
☐ **bitten** ビッテン	動 (‥⁴ に um ‥⁴ を) **頼む** \<bitten-bat-gebeten\>

- ◆ Darf ich Sie um Hilfe bitten?
  お手伝いをお願いしてもよろしいですか？

☐ **ein|laden**
アインラーデン

du lädst…ein
er lädt…ein

動 (..⁴ を) **招待する**
<einladen-lud...ein-eingeladen>
- ◆ Der Professor lädt uns zum Essen ein.
  教授は私たちを食事に招待する。

☐ **entschuldigen**
エントシュルディゲン

動 (..⁴ を) **許す**
- ◆ Entschuldigen Sie bitte meine Verspätung!
  遅刻してすみません。

☐ **heißen**
ハイセン

動 (…という) **名前である**
<heißen-hieß-geheißen>
- ◆ Wie heißen Sie?
  あなたのお名前は？
- ◆ das heißt すなわち

☐ **helfen**
ヘルフェン

du hilfst
er hilft

動 (..³ を) **助ける**
<helfen-half-geholfen>
- ◆ Marie hilft mir beim Kochen.
  マリーは私が料理をするのを手伝ってくれる。

☐ **besuchen**
ベズーヘン

動 (..⁴ を) **訪問する**
- ◆ Heute besuche ich Tante Anna.
  きょう私はアナおばさんを訪ねます。

☐ **treffen** トレッフェン *du* triffst *er* trifft	動 (人⁴と) **会う**; (‥⁴に) **当たる** <treffen-traf-getroffen> ◆ Ich treffe sie um 11 Uhr. 　私は彼女と 11 時に会う。 ◆ Der Stein trifft ihn am Kopf. 　石が彼の頭に当たる。	
☐ **warten** ヴァルテン	動 (auf ‥⁴を) **待つ** ◆ Sabine wartet vor der Bibliothek auf ihren Freund. 　ザビーネは図書館の前でボーイフレンドを待っている。	
☐ **bekommen** ベコメン	動 (‥⁴を) **もらう** <bekommen-bekam-bekommen> ◆ Zum Geburtstag bekomme ich ein Fahrrad. 　誕生日に私は自転車をもらう。	
☐ **geben** ゲーベン *du* gibst *er* gibt	動 (‥³に‥⁴を) **与える**; (es gibt ‥⁴の形で) (‥⁴が) **ある** <geben-gab-gegeben> ◆ Die Mutter gibt dem Sohn ein Handy. 　母は息子に携帯電話を与える。 ◆ In diesem Fluss gibt es noch viele Fische. 　この川にはまだたくさん魚がいる。	
☐ **nehmen** ネーメン	動 (‥⁴を) **取る** <nehmen-nahm-genommen>	

du nimmst *er* nimmt	◆ Sie nimmt die Teller aus dem Schrank. 彼女は皿を戸棚から取り出す。
☐ **schenken** シェンケン	動 (..³ に ..⁴ を) **贈る** ◆ Er schenkt seiner Tochter ein Fahrrad. 彼は娘に自転車をプレゼントする。
☐ **essen** エッセン *du* isst *er* isst	動 (..⁴ を) **食べる** ＜essen-aß-gegessen＞ ◆ Mein Sohn isst gern Fleisch. 息子は好んで肉を食べる（肉が好きだ）。
☐ **trinken** トリンケン	動 (..⁴ を) **飲む** ＜trinken-trank-getrunken＞ ◆ Der Chef trinkt immer Bier. 部長はいつもビールを飲む。
☐ **kochen** コッヘン	動 **料理する** ◆ Meine Mutter kocht gut. 私の母は料理がじょうずだ。
☐ **rauchen** ラオヘン	動 **タバコを吸う** ◆ Mein Vater raucht zu viel. 私の父はタバコを吸いすぎる。
☐ **kaufen** カオフェン	動 (..⁴ を) **買う** ◆ Die Mutter kauft der Tochter eine Tasche.

母は娘にバッグを買ってやる。
⇔ **verkaufen**

☐ **bezahlen**
ベツァーレン

動 (‥4 の代金を) **支払う**
◆ Ich bezahle das Essen mit Kreditkarte.
私は食事の代金をクレジットカードで支払う。
⇨ **zahlen** (‥4 を)支払う

☐ **zahlen**
ツァーレン

動 (‥4 を) **支払う**
◆ Meine Frau zahlt für das Kleid 300 Euro.
私の妻はそのドレスに300ユーロ払う。
⇨ **bezahlen** (‥4 の代金を)支払う

☐ **kosten**
コステン

動 (‥4 の) **値段である**
◆ Das Buch kostet 30 Euro.
その本は30ユーロです。

☐ **bestellen**
ベシュテレン

動 (‥4 を) **注文する**
◆ Wir bestellen eine Flasche Wein.
私たちはワインを1本注文する。

セクション 14

☐ **leben**
レーベン

動 **生きている**; **暮らしている**
◆ Sein Großvater lebt noch.
彼の祖父はまだ生きています。
◆ Mein Onkel lebt in Bonn.
私のおじはボンで暮らしている。

sterben
シュテルベン

du stirbst
er stirbt

動 (an ..³ で) **死ぬ**
<sterben-starb-gestorben>
- Meine Tante ist an Krebs gestorben.
  私のおばはがんで死んだ。

schlafen
シュラーフェン

du schläfst
er schläft

動 **眠る**
<schlafen-schlief-geschlafen>
- Haben Sie gut geschlafen?
  よく眠れましたか?

stehen
シュテーエン

動 **立っている**
<stehen-stand-gestanden>
- Dort steht ein Polizist.
  あそこに警官が立ってるよ。
⇔ **sitzen**

liegen
リーゲン

動 **横たわっている**; (…に) **ある**
<liegen-lag-gelegen>
- Der Brief liegt auf dem Tisch.
  手紙はテーブルの上に置いてある。
⇨ **legen**　横たえる; 置く

sitzen
ズィッツェン

動 **座っている**
<sitzen-saß-gesessen>
- Barbara sitzt bequem auf dem Sofa.
  バルバラはソファーにゆったり座っている。
⇨ (**sich**⁴) **setzen**　座る
⇔ **stehen**

☐ **wohnen** ヴォーネン	動 **住んでいる** ◆ Herr Tanaka wohnt jetzt in Düsseldorf. 田中さんは今デュッセルドルフに住んでいます。
☐ **bleiben** ブライベン	動 (…に) **とどまる** <bleiben-blieb-geblieben> ◆ Meine Frau bleibt heute zu Hause. 妻はきょうは家にいます。
☐ **brauchen** ブラオヘン	動 (…^{4} を) **必要とする** ◆ Ich brauche zum Lesen eine Brille. 私は読むのにめがねが必要だ。
☐ **gehören** ゲヘーレン	動 (…^{3} の) **ものである** ◆ Diese Tasche gehört meiner Mutter. このバッグは私の母のものです。
☐ **singen** ズィンゲン	動 **歌う** <singen-sang-gesungen> ◆ Der Sänger singt sehr schön. その歌手はとても美しく歌う。
☐ **spielen** シュピーレン	動 **遊ぶ**; (…^{4} を) **プレーする** ◆ Spielst du Tennis? 君はテニスをする?

独検 5級 4級 3級 基礎 動詞

- **lernen**
  レルネン

  動 (..⁴ を) **学ぶ**
  ◆ Ich lerne jetzt Deutsch.
  私は今ドイツ語を習っています。
  ⇔ **lehren**

- **lesen**
  レーゼン

  du liest
  er liest

  動 (..⁴ を) **読む**
  <lesen-las-gelesen>
  ◆ Lena liest gern Hesse.
  レーナはヘッセを読むのが好きだ。

- **schreiben**
  シュライベン

  動 (..⁴ を) **書く**
  <schreiben-schrieb-geschrieben>
  ◆ Er schreibt gutes Deutsch.
  彼はよいドイツ語を書く。

- **studieren**
  シュトゥディーレン

  動 (..⁴ を) **大学で勉強する**
  <studieren-studierte-studiert>
  ◆ Andreas studiert in München Mathematik.
  アンドレーアスはミュンヘンの大学で数学を専攻している。

- **fragen**
  フラーゲン

  動 (..⁴ に) **たずねる**
  ◆ Das Mädchen fragt den Polizisten nach dem Weg.
  少女が警官に道をたずねる。
  ⇔ **antworten**

- **antworten**
  アントヴォルテン

  動 (auf ..⁴ に) **答える**
  ◆ Der Lehrer antwortet auf unsere Frage.

先生は私たちの質問に答える。
⇔ **fragen**

□ **verstehen**
フェアシュ**テー**エン

動 (‥⁴ を) **理解する**;
(人の言うこと⁴ が) **わかる**
<verstehen-verstand-verstanden>
◆ Verstehen Sie diesen Satz?
あなたはこの文章がわかりますか?
◆ Du verstehst mich noch nicht richtig.
君は私の言ったことがまだちゃんとわかっていない。

□ **zeigen**
ツァ**イ**ゲン

動 (‥³ に ‥⁴ を) **示す**
◆ Zeigen Sie mir bitte Ihren Pass!
パスポートを見せてください。

□ **an|fangen**
アン**ファ**ンゲン

du fängst…an
er fängt…an

動 **始まる**; (mit ‥³ を) **始める**
<anfangen-fing…an-angefangen>
◆ Das Konzert fängt um 20 Uhr an.
コンサートは午後 8 時に始まります。
◆ Er fängt endlich mit seiner Arbeit an.
彼はやっと仕事を始める。
⇔ **enden**

□ **erklären**
エア**クレー**レン

動 (‥⁴ を) **説明する**
◆ Lukas erklärt seinem Vater das Internet.
ルーカスは父にインターネットの説

明をする。

☐ **arbeiten**
アルバイテン

動 働く
♦ Wo arbeitet er?
彼はどこで働いているの?

☐ **regnen**
レーグネン

動 (es regnet の形で) 雨が降る
♦ Morgen regnet es in Tokyo.
明日東京は雨が降る。

セクション **15**

CD❶ 17

☐ **gehen**
ゲーエン

動 行く；歩いて行く
<gehen-ging-gegangen>
♦ Wir gehen jetzt ins Kino.
私たちは今から映画を見に行きます。
⇔ kommen

☐ **fahren**
ファーレン

du fährst
er fährt

動 (乗り物で) 行く
<fahren-fuhr-gefahren>
♦ Ich fahre mit dem Bus zum Bahnhof.
私はバスで駅へ行きます。

☐ **kommen**
コメン

動 来る
<kommen-kam-gekommen>
♦ Herr Schmidt kommt heute zu uns.
シュミットさんがきょううちにやって来るよ。
⇔ gehen

fliegen
フリーゲン

動 飛ぶ；飛行機で行く
<fliegen-flog-geflogen>
- Morgen fliegt mein Vater nach Osaka.
  あした父は大阪へ飛行機で行きます。

laufen
ラオフェン

du läufst
er läuft

動 走る；歩く
<laufen-lief-gelaufen>
- Lukas läuft am schnellsten von uns.
  ルーカスは私たちの中でいちばん速く走る。
- Wollen wir zum Bahnhof laufen oder fahren?
  駅へ歩いて行こうか、それとも乗り物で行こうか？

schwimmen
シュヴィメン

動 泳ぐ
<schwimmen-schwamm-geschwommen>
- Frau Watanabe schwimmt gut.
  渡辺さんは泳ぐのがじょうずだ。

reisen
ライゼン

動 旅行する
- Wir reisen mit dem Schiff.
  私たちは船で旅行する。

ab|fahren
アップファーレン

du fährst...ab
er fährt...ab

動 出発する
<abfahren-fuhr...ab-abgefahren>
- Wann fährt der nächste Bus ab?
  次のバスはいつ出ますか？

☐ **an|kommen** アンコメン	動 **到着する** <ankommen-kam...an-angekommen> ◆ Wann kommt dieser Zug in München an? この列車は何時にミュンヘンに着きますか？
☐ **aus|steigen** アオスシュタイゲン	動 (乗り物から) **降りる** <aussteigen-stieg...aus-ausgestiegen> ◆ Andreas ist in Wien ausgestiegen. アンドレーアスはウィーンで下車しました。 ⇔ **ein|steigen**
☐ **ein|steigen** アインシュタイゲン	動 (乗り物に) **乗る** <einsteigen-stieg...ein-eingestiegen> ◆ Tim steigt in München ein. ティムはミュンヘンで乗車します。 ⇔ **aus|steigen**
☐ **machen** マッヘン	動 (‥^{4} を) **する**; **作る** ◆ Was machst du heute? 君はきょう何をするの？ ◆ Unsere Firma macht Möbel. うちの会社は家具を作っている。
☐ **tun** トゥーン *ich* tue *du* tust	動 (‥^{4} を) **する** <tun-tat-getan> ◆ Ich habe heute noch etwas zu tun.

er tut　　　私はきょうまだすることがあります。

☐ **stellen**
シュテレン

動 (‥⁴ を) **立てる**; **立てて置く**
- ◆ Stellen Sie bitte die Stühle um den Tisch!
  いすをテーブルのまわりに置いてください。
⇔ **legen**

☐ **tragen**
トラーゲン

du trägst
er trägt

動 (‥⁴ を) **運ぶ**; **身につけている**
<tragen-trug-getragen>
- ◆ Der junge Mann trägt einen schweren Koffer.
  その若い男は重いトランクを運んでいる。
- ◆ Die Lehrerin trägt eine Brille.
  その女の先生はめがねをかけている。

☐ **legen**
レーゲン

動 (‥⁴ を) **横たえる**; **置く**; (sich⁴) **横になる**
- ◆ Legen Sie das Heft auf den Tisch!
  ノートを机の上に置きなさい。
- ◆ Nach dem Essen legt sich der Großvater immer aufs Sofa.
  食事のあと祖父はいつもソファーに横になる。
⇨ **liegen**　横たわっている
⇔ **stellen**

37

ziehen
ツィーエン

動 (..⁴ を) **引く**；(…へ) **引っ越す**
<ziehen-zog-gezogen>
- Sie zieht den Stuhl an den Tisch.
  彼女はいすをテーブルに引き寄せる。
- Wir ziehen bald nach Berlin.
  私たちはまもなくベルリンへ引っ越します。

hängen
ヘンゲン

動 **掛かっている**
<hängen-hing-gehangen>
- Das Bild hängt an der Wand.
  その絵は壁に掛かっている。

動 (..⁴ を) **掛ける**
- Sie hängt ihr Kleid in den Schrank.
  彼女はドレスをクロゼットに掛ける。

halten
ハルテン

du hältst
er hält

動 (..⁴ を) **持っている**；**止まる**；(..⁴ を für ..⁴ と) **思う**
<halten-hielt-gehalten>
- Er hält seinen Hut in der rechten Hand.
  彼は帽子を右手に持っている。
- Dieser Zug hält dort nicht.
  この列車はそこには止まりません。
- Ich halte ihn für meinen Freund.
  私は彼を友達だと思っている。

holen
ホーレン

動 (..⁴ を) **取ってくる**；**連れてくる**
- Ich hole Bier aus dem

Kühlschrank.
私は冷蔵庫からビールを取ってきます。

☐ **bringen**
ブリンゲン

動 (..³に ..⁴を) **持っていく（くる）**
<bringen-brachte-gebracht>
◆ Der Kellner bringt den Gästen Kaffee und Kuchen.
ウェーターがお客さんたちにコーヒーとケーキを持っていく。

☐ **öffnen**
エフネン

動 (..⁴を) **開ける**
◆ Sein Sohn öffnet uns die Tür.
彼の息子が私たちのためにドアを開けてくれる。
⇔ **schließen**

☐ **schlagen**
シュラーゲン

du schlägst
er schlägt

動 (..⁴を) **打つ; たたく**
<schlagen-schlug-geschlagen>
◆ Der Lehrer schlägt mir auf die Schulter.
先生が私の肩をたたく。

☐ **schicken**
シッケン

動 (..⁴を) **送る**
◆ Ich schicke ihm ein Paket.
私は彼に小包を送る。

セクション 16

alt
アルト

形 年を取った; 古い

<alt-älter-ältest>
- Wie alt sind Sie?
  おいくつですか？

⇔ **jung**; **neu**

jung
ユング

形 若い

<jung-jünger-jüngst>
- Du bist noch jung.
  君はまだ若い。

⇔ **alt**

arm
アルム

形 貧しい

<arm-ärmer-ärmst>
- Die Familie war sehr arm.
  その家族はとても貧しかった。

⇔ **reich**

reich
ライヒ

形 金持ちの

- Mein Onkel ist sehr reich.
  私のおじさんはとても金持ちだ。

⇔ **arm**

frei
フライ

形 自由な; 空いている

- Er führt ein freies Leben.
  彼は自由な生活を送っている。
- Ist dieser Platz noch frei?
  この席はまだ空いていますか？

⇨ die **Freiheit** 自由

- **traurig**
  トラオリヒ

  形 悲しい
  - Meine Tante sieht traurig aus.
    おばは悲しそうに見える。

- **glücklich**
  グリュックリヒ

  形 幸せな
  - Jetzt ist sie sehr glücklich.
    いま彼女はとても幸せです。
  ⇨ das **Glück**　幸運; 幸福

- **gesund**
  ゲズント

  形 健康な
  <gesund-gesünder-gesündest>
  - Er ist schon wieder gesund.
    彼はもう元気になった。
  ⇨ die **Gesundheit**　健康
  ⇔ **krank**

- **krank**
  クランク

  形 病気の
  <krank-kränker-kränkst>
  - Das Kind ist krank.
    その子は病気です。
  ⇨ die **Krankheit**　病気
  ⇔ **gesund**

- **schwach**
  シュヴァッハ

  形 弱い
  <schwach-schwächer-schwächst>
  - Sein Vater ist schon schwach.
    彼のお父さんはもう体が弱っている。
  ⇔ **stark**

- **stark**
  シュタルク

  形 強い
  <stark-stärker-stärkst>

独検
5級
4級
3級
基礎
その他

41

	◆ Thomas hat einen starken Willen. トーマスは強い意志を持っている。 ⇔ **schwach**
☐ **leise** ライゼ	形 (声・音が) **小さい** ◆ Sprechen Sie bitte leise! 小さな声で話してください。 ⇔ **laut**
☐ **müde** ミューデ	形 **疲れた** ◆ Sind Sie nicht müde? お疲れではありませんか?
☐ **tot** トート	形 **死んだ** ◆ Seine Eltern sind schon lange tot. 彼の両親はとうに亡くなっている。 ⇨ der **Tod** 死 ⇔ **lebendig**
☐ **satt** ザット	形 **満腹した** ◆ Ich bin schon satt. もうおなかがいっぱいだ。
☐ **freundlich** フロイントリヒ	形 **やさしい**; **親切な** ◆ Die Studenten sind immer sehr freundlich. 学生たちはいつもとても親切です。 ⇨ der **Freund** 友達

☐ **nett** ネット	形 **親切な: 感じのいい** ◆ Das ist sehr nett von Ihnen. ご親切にどうも。
☐ **klug** クルーク	形 **賢い** <klug-klüger-klügst> ◆ Mein Bruder hat einen klugen Kopf. 弟は頭のいいやつだ。 ⇔ **dumm**
☐ **dumm** ドゥム	形 **ばかな** <dumm-dümmer-dümmst> ◆ Ich bin doch nicht dumm! 私だってばかではないよ！ ⇔ **klug**
☐ **faul** ファオル	形 **怠けた: 腐った** ◆ Lukas führt ein faules Leben. ルーカスはのらくらした生活を送っている。 ◆ Das Ei riecht faul. この卵は腐ったにおいがする。 ⇔ **fleißig**
☐ **fleißig** フライスィヒ	形 **勤勉な** ◆ Hanna ist eine fleißige Schülerin. ハナは勤勉な生徒だ。 ⇔ **faul**

セクション 17

- **groß**
  グロース

  形 **大きい; 偉大な**
  <groß-größer-größt>
  ◆ Hamburg ist eine große Stadt.
  ハンブルクは大きな町です。
  ⇔ **klein**

- **klein**
  クライン

  形 **小さい**
  ◆ Seine Frau ist sehr klein.
  彼の奥さんはとても小柄です。
  ⇔ **groß**

- **lang**
  ラング

  形 **長い**
  <lang-länger-längst>
  ◆ Dieser Rock ist mir zu lang.
  このスカートは私には長すぎる。
  ⇔ **kurz**

- **kurz**
  クルツ

  形 **短い**
  <kurz-kürzer-kürzest>
  ◆ Sabine hat kurzes Haar.
  ザビーネはショートヘアです。
  ⇔ **lang**

- **schwer**
  シュヴェーア

  形 **重い; むずかしい**
  ◆ Die Frau trägt einen schweren Korb.
  女は重いかごを運んでいる。
  ◆ Das Buch ist zu schwer für mich.
  この本は私にはむずかしすぎる。

	⇔ **leicht**
☐ **leicht** ライヒト	形 軽い: やさしい ◆ Der Koffer ist leicht. そのトランクは軽い。 ⇔ **schwer**
☐ **weit** ヴァイト	形 広い: 遠い ◆ Der Fluss fließt in das weite Meer. その川は広い海に流れこむ。 ◆ Das Dorf liegt weit von hier. その村はここからは遠い。 ⇔ **eng**: **nahe**
☐ **eng** エング	形 せまい: きつい ◆ Die Bluse ist mir zu eng. このブラウスは私にはきつすぎる。 ⇔ **weit**
☐ **schnell** シュネル	形 (速度が) 速い ◆ Mein neues Auto fährt schnell. 私の新しい車は走るのが速い。 ⇔ **langsam**
☐ **langsam** ラングザーム	形 (速度が) 遅い ◆ Er spricht sehr langsam. 彼はとてもゆっくり話す。 ⇔ **schnell**

☐ schön
シェーン

形 美しい
- Diese Blumen sind sehr schön.
  これらの花はとてもきれいだ。

☐ neu
ノイ

形 新しい
- Wie findest du mein neues Kleid?
  私の新しいドレスをどう思う?
⇔ alt

☐ hoch
ホーホ

形 高い
<hoch-höher-höchst>
- Der Baum ist sehr hoch.
  その木はとても高い。
⇔ niedrig

☐ frisch
フリッシュ

形 新鮮な
- Diese Gemüse sind frisch.
  これらの野菜は新鮮だ。

☐ laut
ラオト

形 (声・音が) 大きい; やかましい
- Sprich nicht so laut!
  そんなに大きな声で話さないで。
⇔ leise

☐ süß
ズュース

形 甘い
- Sie trinkt süßen Saft.
  彼女は甘いジュースを飲む。
⇔ bitter

- **ander**
  アンダー

  形 **ほかの；別の；もう一方の**
  ◆ Haben Sie eine andere Größe?
  ほかのサイズはありますか?

- **gleich**
  グライヒ

  形 **同じ**
  ◆ Wir haben das gleiche Ziel.
  私たちは同じ目的を持っている。

  副 **すぐに**
  ◆ Komm gleich wieder!
  すぐ戻っておいで。

- **kaputt**
  カプット

  形 **こわれた**
  ◆ Der Computer ist kaputt.
  コンピューターが故障した。

- **wichtig**
  ヴィヒティヒ

  形 **重要な**
  ◆ Die Freiheit ist sehr wichtig für uns.
  自由は私たちにとってとても重要です。

セクション 18

- **gut**
  グート

  形 **よい**
  <gut-besser-best>
  ◆ Bastian ist ein guter Fußballspieler.
  バスチアンはよいサッカー選手だ。
  ⇔ **schlecht**

- **besser**
  ベッサー

  形 (gutの比較級) **よりよい**
  ◆ Er spielt besser Fußball als ich.

彼は私よりサッカーがうまい。

☐ **fertig** フェルティヒ	形 **できあがった: 用意のできた** ◆ Bist du schon fertig? もう用意はできたかい?
☐ **interessant** インテレサント	形 **おもしろい: 興味深い** ◆ Ich finde seine Werke interessant. 私は彼の作品はおもしろいと思う。 ⇨ das **Interesse** 興味; 関心
☐ **leider** ライダー	副 **残念ながら** ◆ Ich kann leider nicht kommen. 残念ですが来られません。
☐ **gern** ゲルン	副 **好んで** ＜gern-lieber-am liebsten＞ ◆ Sie spielt gern Tennis. 彼女はテニスをするのが好きだ。
☐ **falsch** ファルシュ	形 **間違った** ◆ Du rechnest immer falsch. 君は計算をいつも間違える。 ⇔ **richtig**; **wahr**
☐ **richtig** リヒティヒ	形 **正しい** ◆ Die Antwort ist richtig. その答えは正しい。 ⇔ **falsch**

☐ schlecht
シュレヒト

形 悪い
- Wir haben heute schlechtes Wetter.
  きょうは悪い天気です。
- ⇔ **gut**

☐ blau
ブラオ

形 青い
- Das Mädchen hat blaue Augen.
  その少女は青い目をしている。

☐ grün
グリューン

形 緑色の
- Die Bäume werden wieder grün.
  木々が再び緑になる。

☐ rot
ロート

形 赤い
<rot-röter-rötest>
- Ich kaufe eine rote Tasche.
  私は赤いバッグを買います。

☐ weiß
ヴァイス

形 白い
- Er trägt heute einen weißen Hut.
  彼はきょうは白い帽子をかぶっている。
- ⇔ **schwarz**

☐ braun
ブラオン

形 茶色の
- Der Junge hat braunes Haar.
  その若者は茶色の髪をしている。

☐ gelb
ゲルプ

形 黄色の
- Der Spieler bekommt die Gelbe

49

Karte.
その選手はイエローカードをもらう。

☐ grau
グラオ

形 **灰色の**
◆ Der Himmel ist heute grau.
空はきょうは灰色だ(曇っている)。

☐ schwarz
シュヴァルツ

形 **黒い**
<schwarz-schwärzer-schwärzest>
◆ Dort schläft eine schwarze Katze.
そこに黒猫が1ぴき眠っている。
⇔ **weiß**

☐ billig
ビリッヒ

形 **安い**
◆ Dieses Hemd ist sehr billig.
このシャツはとても安い。
⇔ **teuer**

☐ teuer
トイアー

形 (値段が)**高い**
<teuer-teurer-teuerst>
◆ Das Auto ist mir zu teuer.
その車は私には高すぎます。
⇔ **billig**

☐ kalt
カルト

形 **冷たい**; **寒い**
<kalt-kälter-kältest>
◆ Das Zimmer ist kalt.
その部屋は寒い。
⇔ **warm**; **heiß**

□ **heiß** ハイス	形 **熱い**; **暑い** ◆ Die Suppe ist noch heiß. スープはまだ熱いよ。 ⇔ **kalt**
□ **warm** ヴァルム	形 **暖かい**; **温かい** <warm-wärmer-wärmst> ◆ Heute ist es sehr warm. きょうはとても暖かい。 ⇔ **kalt**; **kühl**
□ **hell** ヘル	形 **明るい** ◆ Die Kerze brennt hell. ろうそくが明るく燃えている。 ⇔ **dunkel**
□ **dunkel** ドゥンケル	形 **暗い** <dunkel-dunkler-dunkelst> ◆ Es wird langsam dunkel. そろそろ暗くなる。 ⇔ **hell**

セクション 19

□ **hier** ヒーア	副 **ここで** ◆ Arbeiten Sie hier in Japan? あなたはここ日本で働いているのですか？ ◆ hier und da　あちこちに ⇔ **dort**
□ **dort** ドルト	副 **あそこで** ◆ Dort steht mein Haus.

あそこに私の家があります。
⇔ **hier**

☐ **weg**
ヴェック

副 離れて; なくなった
◆ Der Zug ist schon weg.
列車はもう出ました。

☐ **zurück**
ツリュック

副 戻って; 帰って
◆ Er ist noch nicht zurück vom Urlaub.
彼はまだ休暇から戻っていない。

☐ **links**
リンクス

副 左に
◆ Der Bahnhof ist hier links.
駅はこの左にあります。
⇔ **rechts**

☐ **rechts**
レヒツ

副 右に
◆ Gehen Sie die nächste Straße rechts!
次の通りを右に行ってください。
⇔ **links**

☐ **heute**
ホイテ

副 今日(きょう)
◆ Heute ist der Geburtstag meines Vaters.
今日は私の父の誕生日です。

☐ **gestern**
ゲスターン

副 きのう
◆ Gestern sind wir ins Konzert gegangen.

きのう私たちはコンサートに行った。

morgen
モルゲン

副 明日
- Ich komme morgen wieder.
  明日また来ます。
- ⇨ der **Morgen** 朝

bald
バルト

副 まもなく
＜bald-eher-am ehesten＞
- Jan kommt bald nach Hause.
  ヤンはもうすぐ家に帰ってきます。

dann
ダン

副 それから
- Gehen Sie hier geradeaus, dann nach links!
  ここをまっすぐに行って、それから左です。

gerade
ゲラーデ

副 ちょうど
- Wir stehen gerade in der Mitte.
  私たちはちょうど真ん中に立っている。

形 まっすぐな
- Hier ziehen Sie eine gerade Linie!
  ここに直線を引いてください。

jetzt
イェッツト

副 今
- Ich habe jetzt keine Zeit.
  私は今ひまがありません。

53

☐ **einmal** アインマール	副 **一度**; **かつて**; (nicht einmalの形で) **…すらない** ◆ Zeigen Sie es mir noch einmal! 　もう一度それを見せてください。 ◆ Er kann nicht einmal grüßen. 　彼はあいさつすらできない。 ◆ auf einmal 突然
☐ **noch** ノッホ	副 **まだ** ◆ Ich habe noch keinen Hunger. 　私はまだおなかがへっていない。
☐ **schon** ショーン	副 **すでに** ◆ Mein Großvater ist schon 80 Jahre alt. 　私の祖父はもう80歳です。
☐ **später** シュペーター	副 **あとで** ◆ Bis später! またあとで
☐ **früh** フリュー	形 (時刻などが) **早い** ◆ Ich stehe immer früh auf. 　私はいつも早起きする。 ⇔ **spät**
☐ **spät** シュペート	形 (時期・時間が) **遅い** ◆ Es ist schon spät, ich muss gehen. 　もう遅い時間だ、私は行かなくては。 ⇔ **früh**

☐ erst
エーアスト

形 **第1の**; **最初の**
- ◆ Gestern fiel der erste Schnee.
  きのう初雪が降りました。

副 **まず**; **やっと**
- ◆ Lisa ist erst 20 Jahre alt.
  リーザはやっと20歳になったばかりだ。

☐ nächst
ネーヒスト

形 **いちばん近い**; **次の**
- ◆ Das ist der nächste Weg zum Bahnhof.
  それが駅へ行くいちばんの近道です。
- ◆ Ich freue mich schon auf die nächsten Ferien.
  私はもう次の休暇を楽しみにしています。

☐ letzt
レッット

形 **最後の**; **最近の**
- ◆ Heute ist der letzte Tag der Ferien.
  きょうは休暇の最後の日だ。
- ◆ Am letzten Sonntag waren wir im Theater.
  この前の日曜日には私たちは劇場にいた。

セクション 20

☐ immer
イマー

副 **いつも**
- ◆ Lukas kommt immer zu spät.
  ルーカスはいつも遅刻する。
- ◆ immer noch いまだに
- ◆ immer wieder 繰り返し

☐ **oft** オフト	副 しばしば <oft-öfter-am öftesten> ◆ Anna besucht oft ihre Tante. 　アナはよくおばさんを訪ねる。 ⇔ **selten**
☐ **wieder** ヴィーダー	副 再び；また ◆ Ich fahre nächste Woche wieder nach Wien. 　私は来週またウィーンへ行きます。
☐ **selten** ゼルテン	副 めったに…ない ◆ Herr Müller geht selten aus. 　ミュラーさんはめったに外出しない。 ⇔ **oft**
☐ **nie** ニー	副 決して…ない ◆ Anna kommt nie zu spät. 　アナは決して遅刻しない。
☐ **sehr** ゼーア	副 とても ◆ Das Buch ist sehr interessant. 　その本はとても面白い。
☐ **genug** ゲヌーク	副 じゅうぶんに ◆ Haben Sie genug Zeit? 　時間はじゅうぶんにありますか？
☐ **ganz** ガンツ	形 全部の ◆ Wir haben den ganzen Tag gearbeitet.

私たちは1日中働いた。

副 まったく
◆ Ich reise ganz allein nach Afrika.
私はたったひとりでアフリカへ旅行に行きます。

viel
フィール

形 たくさんの
＜viel-mehr-meist＞
◆ Herr Müller hat viel Geld.
ミュラーさんはお金をたくさん持っている。
⇔ **wenig**

mehr
メーア

形 (viel の比較級) **より多くの**;
(否定詞と) **もはや…ない**
◆ Er hat mehr Geld als wir.
彼は私たちよりたくさんお金を持っている。
◆ Sie ist nicht mehr jung.
彼女はもう若くはない。

meist
マイスト

形 (viel の最上級) **最も多くの**;
たいていの
◆ Die meisten Leute denken so.
たいていの人たちはそう考えている。

wenig
ヴェーニヒ

形 ほんの少しの
＜wenig-weniger(minder)-wenigst(mindest)＞
◆ Ich habe heute wenig Zeit.
私はきょうはほとんどひまがない。
⇔ **viel**

57

☐ **nur** ヌーア	副 ただ…だけ	◆ Ich habe nur zehn Euro. 私は10ユーロしか持っていない。
☐ **all** アル	代 すべての	◆ Alle Studenten kommen zur Party. すべての学生がパーティーに来る。 ◆ vor allem とりわけ
☐ **halb** ハルプ	形 半分	◆ Warten wir noch eine halbe Stunde! もう30分待ちましょう。
☐ **beide** バイデ	形 両方の; 両方とも	◆ Meine beiden Söhne gehen noch in die Schule. 私の息子は二人ともまだ学校に通っている。
☐ **zweit** ツヴァイト	数 第2の	◆ Meine zweite Tochter heiratet nach Amerika. 私の2番目の娘は結婚してアメリカへ行く。
☐ **zusammen** ツザメン	副 いっしょに	◆ Gehen wir zusammen ins Kino! いっしょに映画を見に行きましょう。

セクション21

- **ja**
  ヤー

  副 **はい**
  - Sind Sie Herr Tanaka? —Ja.
    あなたは田中さんですか? —はい。
  - ⇔ **nein**

- **nein**
  ナイン

  副 **いいえ**
  - Haben Sie ein Auto? —Nein, ich habe kein Auto.
    車を持っていますか? —いいえ、持っていません。
  - ⇔ **ja**

- **doch**
  ドッホ

  接 **しかし**
  - Ich klopfe, doch niemand öffnet.
    私はノックする、しかし誰も開けてくれない。

- **nicht**
  ニヒト

  副 **…ない**
  - Ich rauche nicht.
    私はタバコを吸いません。

- **bitte**
  ビッテ

  副 **どうぞ**
  - Kommen Sie bitte herein!
    どうぞお入りください。

- **danke**
  ダンケ

  間 **ありがとう**
  - Danke schön! —Bitte schön!
    どうもありがとう。—どういたしまして。
  - ⇨ **danken** 感謝する

☐ **oh** オー	間 **おお** ◆ Oh, wie schön! いやあ、なんてすばらしい!
☐ **also** アルゾー	副 **したがって**; **それでは** ◆ Ich habe Fieber, also bleibe ich heute zu Hause. 私は熱があります、だからきょうは家にいます。
☐ **auch** アオホ	副 **…もまた** ◆ Kommst du auch zur Party? 君もパーティーに来る?
☐ **natürlich** ナテューアリヒ	副 **もちろん** ◆ Kann ich mit Kreditkarte bezahlen? ―Ja, natürlich! クレジットカードで支払えますか? ―はい、もちろんです。 ⇨ die **Natur** 自然
☐ **so** ゾー	副 **そのように** ◆ Sprechen Sie bitte nicht so schnell! そんなに早口でしゃべらないでください。
☐ **sonst** ゾンスト	副 **さもないと**; **そのほかに** ◆ Sie dürfen nicht zu viel trinken. Sonst werden Sie krank. お酒を飲みすぎてはだめです。さもないと、病気になりますよ。

◆ Haben Sie sonst noch Fragen?
ほかにまだ質問がありますか?

und
ウント

接 **…と; そして**

◆ Er spielt Klavier und sie singt.
彼がピアノを弾き、そして彼女が歌います。

aber
アーバー

接 **しかし**

◆ Andreas ist fleißig, aber sein Bruder ist faul.
アンドレーアスは勤勉だが、彼の兄は怠け者だ。

denn
デン

接 **というのは**

◆ Ich kann nicht kommen, denn ich bin krank.
私は行けません、というのも病気なんです。

oder
オーダー

接 **または**

◆ Möchtest du Kaffee oder Tee?
コーヒーがいいですか、それとも紅茶ですか?

sondern
ゾンダーン

接 (nicht とともに) **そうではなくて**

◆ Sie spielt nicht Klavier, sondern Geige.
彼女はピアノではなくバイオリンを弾きます。

□ **dass**　ダス	接 **…ということ** ◆ Ich glaube, dass er morgen wieder kommt. 私は彼が明日また来ると思う。
□ **wenn**　ヴェン	接 **もし…すれば; …するとき**（にはいつも） ◆ Ich besuche den Onkel, wenn ich Zeit habe. もし時間があったら、おじさんを訪問する。
□ **als**　アルス	接 **…したときには** ◆ Als ich nach Hause kam, war der Onkel schon da. 私が家に帰ったときには、おじさんがすでにいた。
□ **da**　ダー	接 **…だから** ◆ Da es regnet, bleiben wir zu Hause. 雨が降っているので、私たちは家にいます。 副 **そこに** ◆ Deine Brille ist da. 君のめがねはそこにあるよ。
□ **ob**　オップ	接 **…かどうか** ◆ Ob er Familie hat, weiß ich nicht. 彼が家族持ちかどうか、私は知らない。

☐ **weil** ヴァイル	接 **…なので** ◆ Sie kann nicht zur Party kommen, weil sie krank ist. 彼女は病気なので、パーティーに来られない。

セクション 22　　CD① 25

☐ **wegen** ヴェーゲン	前 …² **のために**（理由） ◆ Wegen des schlechten Wetters bleibe ich heute zu Hause. 天気が悪いのできょうは家にいます。
☐ **aus** アオス	前 …³（の中）**から**；…³ **出身の** ◆ Sie nimmt ein Buch aus dem Regal. 彼女は本を本棚から取り出す。
☐ **bei** バイ	前 …³ **のもとで**；…³ **のときに** ◆ Julia wohnt noch bei ihren Eltern. ユーリアはまだ両親のもとに住んでいる。
☐ **mit** ミット	前 …³ **といっしょに** ◆ Ich gehe oft mit meinem Kind spazieren. 私はよく子どもといっしょに散歩します。
☐ **nach** ナーハ	前（時間的に）…³ **のあとで**； …³ **の方へ**；…³ **に従って**

- ◆ Nach der Schule gehen wir ins Kino.
  学校のあとで私たちは映画へ行きます。
- ◆ Nächsten Monat fährt sie nach Frankreich.
  来月彼女はフランスへ行きます。
- ◆ nach und nach だんだんと

☐ **seit**
ザイト

前 …³ **以来**
- ◆ Seit gestern habe ich keinen Appetit.
  きのうから私は食欲がない。

☐ **von**
フォン

前 …³ **から**; …³ **の**; (受動で) …³ **によって**
- ◆ Der Zug kommt von Hamburg.
  この列車はハンブルク発だ。
- ◆ Marie wird von ihrem Vater gelobt.
  マリーは父親にほめられる。

☐ **zu**
ツー

前 …³ **へ**; …³ **のために**
- ◆ Jetzt gehe ich zur Post.
  これから私は郵便局へ行きます。

副 **あまりに…すぎる**
- ◆ Dieses Restaurant ist mir zu teuer.
  このレストランは私には高すぎる。

bis
ビス

前 …⁴ まで

- Die Bibliothek ist von 9 bis 17 Uhr geöffnet.
  図書館は9時から17時まで開いています。

durch
ドゥルヒ

前 …⁴ を通って

- Gehen wir durch den Park!
  公園を通って行こうよ。

für
フューア

前 …⁴ のために; …⁴ にとって

- Der Vater arbeitet für seine Familie.
  父は家族のために働いている。

gegen
ゲーゲン

前 …⁴ に向かって; …⁴ 時ごろ

- Wir schwimmen gegen den Strom.
  私たちは流れに逆らって泳ぐ。
- Ich komme gegen 10 Uhr nach Haus.
  私は10時ごろ帰宅する。

ohne
オーネ

前 …⁴ なしに

- Er trinkt Kaffee ohne Milch und Zucker.
  彼はコーヒーをミルクと砂糖なしで飲みます。

um
ウム

前 …⁴ のまわりに; …⁴ 時に

- Die Familie sitzt um den Tisch.

家族はテーブルのまわりに座っている。
- Das Konzert beginnt um sieben Uhr.
コンサートは7時に始まります。

□ an
アン

前 …³ のきわに; …⁴ のきわへ
- Barbara liest am Fenster.
バルバラは窓ぎわで読書している。
- Der Junge tritt ans Fenster.
少年は窓ぎわへ歩み寄る。

□ auf
アオフ

前 …³ の上に; …⁴ の上へ
- Das Glas steht auf dem Tisch.
グラスはテーブルの上に置いてある。
- Der Kellner stellt das Glas auf den Tisch.
ウエーターはグラスをテーブルの上へ置く。

□ in
イン

前 …³ の中に; …⁴ の中へ
- Mein Sohn wohnt in der Stadt.
私の息子は町に住んでいる。
- Familie Schulz zieht in die Stadt.
シュルツ一家は町中へ引っ越す。

□ hinter
ヒンター

前 …³ のうしろに; …⁴ のうしろへ
- Die Kinder spielen hinter dem Haus.
子どもたちは家のうらで遊んでいる。
- Er geht hinter das Haus.

彼は家のうらへ行く。

□ über
ユーバー

前 …³ の上方に; …⁴ を越えて
- ◆ Der Mond steht über dem Berg.
  月は山の上に出ている。
- ◆ Die Wolken ziehen über den Berg.
  雲が山の上を流れていく。

□ unter
ウンター

前 …³ の下に; …⁴ の下へ
- ◆ Eine Katze schläft unter dem Tisch.
  1ぴきの猫がテーブルの下で眠っている。
- ◆ Die Katze geht unter den Tisch.
  猫はテーブルの下へ入る。

□ vor
フォーア

前 …³ の前に; …⁴ の前へ
- ◆ Sie steht vor dem Spiegel.
  彼女は鏡の前に立っている。
- ◆ Sie tritt vor den Spiegel.
  彼女は鏡の前へ歩み寄る。

□ zwischen
ツヴィッシェン

前 …³ の間に; …⁴ の間へ
- ◆ Er sitzt zwischen dem Vater und der Mutter.
  彼は父と母の間に座っている。
- ◆ Er setzt sich zwischen den Vater und die Mutter.
  彼は父と母の間へ座る。

セクション 23

- **wann**
  ヴァン

  副 **いつ**
  - ◆ Wann kommst du?
    君はいつ来るの?

- **warum**
  ヴァルム

  副 **なぜ**
  - ◆ Warum kommt er heute nicht?
    どうして彼はきょう来ないんですか?

- **was**
  ヴァス

  代 **何が; 何を**
  - ◆ Was studieren Sie?
    あなたは大学で何を専攻していますか?

- **wer**
  ヴェーア

  代 **誰が**
  - ◆ Wer ist der Mann?
    この男の人は誰ですか?

- **wie**
  ヴィー

  副 **どのように**
  - ◆ Wie ist das Wetter?
    天気はどうですか?

- **wie viel**
  ヴィー フィール

  副 **どれくらいの; いくら; いくつ**
  - ◆ Wie viel kostet diese Kamera?
    このカメラはいくらですか?

- **wo**
  ヴォー

  副 **どこで**
  - ◆ Wo liegt das Buch?
    その本はどこにあるの?

☐ **woher** ヴォヘーア	副 **どこから** ◆Woher kommen Sie? どちらからいらっしゃいましたか？ ⇔ **wohin**
☐ **wohin** ヴォヒン	副 **どこへ** ◆Wohin fährst du in den Ferien? 休暇にはどこへ出かけるの？ ⇔ **woher**
☐ **jeder** イェーダー	代 **どの…も** ◆Jedes Kind hat ein Handy. どの子も携帯電話を持っている。
☐ **man** マン	代 **ひとは** ◆In Österreich spricht man Deutsch. オーストリアではドイツ語が話される。
☐ **etwas** エトヴァス	代 **何か；あるもの（こと）；いくらか** ◆Hast du etwas gesagt? 何か言ったかい？ ◆Ich habe noch etwas Zeit. 私はまだいくらか時間がある。
☐ **nichts** ニヒツ	代 **何も…ない** ◆Ich habe nichts zu essen. 私は食べるものが何もない。

☐ **sich** ズィヒ	代 **自分に**（を）; **お互いに**（を） ◆ Der Mann sieht um sich. その男は自分のまわりを見る。
☐ **jemand** イェーマント	代 **誰か**; **あるひと** ◆ Ist da jemand? そこに誰かいる?
☐ **niemand** ニーマント	代 **誰も…ない** ◆ Niemand weiß seinen Namen. 誰も彼の名前を知らない。
☐ **selbst** ゼルプスト	代 **自分で** ◆ Ich repariere mein Fahrrad selbst. 私は自転車を自分で修理します。

4級

展開編

- 名詞 —— 72ページ
- 96ページ —— 動詞
- その他 —— 115ページ

セクション 24

- [ ] die **Person**
  ペルゾーン
  - 女 人 [複 ～en]
  - ⇨ **persönlich** 個人的な

- [ ] der/die **Erwachsene**
  エアヴァクセネ
  - 男女（形容詞変化）大人
  - ⇔ das **Kind**

- [ ] das **Baby**
  ベービ
  - 中 赤ちゃん [複 ～s]

- [ ] die **Jugend**
  ユーゲント
  - 女 青春時代; 青少年

- [ ] der **Bürger**
  ビュルガー
  - 男 市民; 国民 [複 ～]
  - 女 die **Bürgerin**

- [ ] der **Ausländer**
  アオスレンダー
  - 男 外国人 [複 ～]
  - 女 die **Ausländerin**

- [ ] der/die **Bekannte**
  ベカンテ
  - 男女（形容詞変化）知人
  - ⇨ **bekannt** 有名な

- [ ] der **Kollege**
  コレーゲ
  - 男 同僚 [複 ～n]
  - 女 die **Kollegin**

- [ ] der **Kamerad**
  カメラート
  - 男 仲間 [複 ～en]
  - 女 die **Kameradin**

- [ ] die **Braut**
  ブラオト
  - 女 花嫁 [複 Bräute]

- [ ] der/die **Kranke**
  クランケ
  - 男女（形容詞変化）病人
  - ⇨ **krank** 病気の

☐ der/die **Alte** アルテ	男女 (形容詞変化) 老人
☐ der **Familienname** ファミーリエンナーメ	男 名字 [複 〜n] ⇔ der **Vorname**
☐ der **Vorname** フォーアナーメ	男 ファーストネーム [複 〜n]
☐ der **Großvater** グロースファーター	男 祖父 [複 -väter] ⇔ die **Großmutter**
☐ die **Großmutter** グロースムッター	女 祖母 [複 -mütter] ⇔ der **Großvater**
☐ der **Enkel** エンケル	男 孫 [複 〜] 女 die **Enkelin**
☐ der **Onkel** オンケル	男 おじ [複 〜] ⇔ die **Tante**
☐ die **Tante** タンテ	女 おば [複 〜n] ⇔ der **Onkel**

セクション 25

☐ der **Bäcker** ベッカー	男 パン屋 [複 〜] 女 die **Bäckerin**
☐ der **Fahrer** ファーラー	男 ドライバー [複 〜] 女 die **Fahrerin**
☐ der **Koch** コッホ	男 コック [複 Köche] 女 die **Köchin**

☐	der **Ober** オーバー	男 **ボーイ** [複]〜
☐	der **Kellner** ケルナー	男 **ウエーター** [複]〜 女 die **Kellnerin**
☐	die **Verkäuferin** フェアコイフェリン	女（女性の）**店員** [複]〜nen 男 der **Verkäufer**
☐	der/die **Angestellte** アンゲシュテルテ	男女（形容詞変化）**サラリーマン**
☐	der **Ingenieur** インジェニエーア	男 **エンジニア** [複]〜e 女 die **Ingenieurin**
☐	der **Professor** プロフェッソーア	男 **教授** [複]〜en 女 die **Professorin**
☐	der **Chef** シェフ	男 **上司**; **部長**; **課長** [複]〜s 女 die **Chefin**
☐	die **Sekretärin** ゼクレテーリン	女（女性の）**秘書** [複]〜nen 男 der **Sekretär**
☐	der **Künstler** キュンストラー	男 **芸術家** [複]〜 女 die **Künstlerin**
☐	der **Autor** アオトーア	男 **著者** [複]〜en 女 die **Autorin**
☐	der **Beamte** ベアムテ	男（形容詞変化）**公務員** 女 die **Beamtin**

☐ der **Polizist** ポリツィスト	男 警察官 [複 〜en] 女 die **Polizistin** ⇨ die **Polizei** 警察	
☐ der **Bauer** バオアー	男 農民 [複 〜n] 女 die **Bäuerin**	
☐ die **Hausfrau** ハオスフラオ	女 主婦 [複 〜en]	
☐ der **Kenner** ケナー	男 専門家 [複 〜] 女 die **Kennerin** ⇨ **kennen** 知っている	

セクション 26

☐ das **Haar** ハール	中 髪の毛 [複 〜e]	
☐ das **Auge** アオゲ	中 目 [複 〜n] ⇨ der **Augenblick** 瞬間	
☐ die **Nase** ナーゼ	女 鼻 [複 〜n]	
☐ das **Ohr** オーア	中 耳 [複 〜en]	
☐ der **Mund** ムント	男 口 [複 Münder]	
☐ der **Hals** ハルス	男 首 [複 Hälse]	
☐ die **Schulter** シュルター	女 肩 [複 〜n]	
☐ der **Rücken** リュッケン	男 背中 [複 〜]	

☐ der **Bauch** バオホ	男 腹 [複 Bäuche]
☐ das **Bein** バイン	中 脚 [複 〜e]
☐ der **Arm** アルム	男 腕 [複 〜e]
☐ der **Finger** フィンガー	男 指 [複 〜]
☐ der **Körper** ケルパー	男 体(からだ) [複 〜]
☐ das **Blut** ブルート	中 血
☐ der **Blick** ブリック	男 視線 [複 〜e] ◆ auf den ersten Blick　ひと目で ⇨ **blicken** 目を向ける
☐ die **Stimme** シュティメ	女 声 [複 〜n]
☐ die **Gesundheit** ゲズントハイト	女 健康 ⇔ die **Krankheit**
☐ der **Appetit** アペティート	男 食欲 ◆ Guten Appetit! 　いただきます!; 召し上がれ!
☐ die **Krankheit** クランクハイト	女 病気 [複 〜en] ⇔ die **Gesundheit**
☐ die **Kopfschmerzen** コプフシュメルツェン	複 頭痛 ◆ Kopfschmerzen haben 頭痛がする

□ der **Schmerz** シュメルツ	男 痛み; 苦しみ [複 〜en] ◆ die **Kopfschmerzen** 頭痛

セクション 27

□ die **Angst** アングスト	女 不安 [複 Ängste]
□ die **Achtung** アハトゥング	女 注意; 尊敬
□ die **Ehre** エーレ	女 名誉 [複 〜n]
□ die **Lust** ルスト	女 (…したい)気持ち ◆ Hast du Lust, mitzukommen? 君はいっしょに来る気はある?
□ die **Sorge** ゾルゲ	女 心配 [複 〜n]
□ der **Wunsch** ヴンシュ	男 願い; 望み [複 Wünsche] ⇨ **wünschen** 願う; 望む
□ das **Wohl** ヴォール	中 幸せ ◆ Zum Wohl! 乾杯!
□ der **Dank** ダンク	男 感謝 ◆ Vielen Dank! どうもありがとう!
□ der **Spaß** シュパース	男 楽しみ; 冗談 [複 Späße] ◆ Viel Spaß! (遊びに出かける人に)楽しんできてください!

☐ der **Raum** ラオム	男 部屋; 空間 [複 Räume]
☐ das **Wohnzimmer** ヴォーンツィマー	中 リビングルーム [複 〜]
☐ der **Boden** ボーデン	男 土地; 地面; 床(ゆか) [複 Böden]
☐ die **Ecke** エッケ	女 角(かど); 隅(すみ) [複 〜n]
☐ die **Wand** ヴァント	女 壁 [複 Wände]
☐ die **Treppe** トレッペ	女 階段 [複 〜n]
☐ der **Balkon** バルコーン	男 バルコニー [複 〜s]
☐ der **Keller** ケラー	男 地下室 [複 〜]
☐ der **Ausgang** アオスガング	男 出口 [複 Ausgänge] ⇔der **Eingang**
☐ der **Eingang** アインガング	男 入り口 [複 Eingänge] ⇔der **Ausgang**
☐ der **Stock** シュトック	男 (建物の) 階 [複 〜] ◆ der erste Stock 2階 （ふつう1階を除いて数える）

セクション **28**

☐ der **Schrank** シュランク	男 戸棚; たんす [複 Schränke]
☐ der **Spiegel** シュピーゲル	男 鏡 [複 〜]

☐ der **Fernseher** フェルンゼーアー	男 テレビ [複 〜]	
☐ der **Teppich** テピヒ	男 じゅうたん [複 〜e]	
☐ der **Schalter** シャルター	男 スイッチ；（銀行などの）窓口 [複 〜]	
☐ der **Apparat** アパラート	男 装置；器具 [複 〜e]	
☐ die **Lampe** ランペ	女 ランプ [複 〜n]	
☐ die **Kerze** ケルツェ	女 ろうそく [複 〜n]	
☐ der **Kasten** カステン	男 箱；ケース [複 Kästen]	
☐ der **Korb** コルプ	男 かご [複 Körbe]	
☐ die **Vase** ヴァーゼ	女 花びん [複 〜n]	
☐ der **Schlüssel** シュリュッセル	男 かぎ [複 〜]	
☐ die **Brücke** ブリュッケ	女 橋 [複 〜n]	
☐ der **Park** パルク	男 公園 [複 〜s]	
☐ der **Marktplatz** マルクトプラッツ	男 （中央）広場 [複 -plätze]	
☐ der **Brunnen** ブルネン	男 噴水；泉 [複 〜]	
☐ das **Schloss** シュロス	中 錠；宮殿；城 [複 Schlösser]	

□ der **Turm** トゥルム	男 塔 [複 Türme]
□ die **Bibliothek** ビブリオテーク	女 図書館 [複 ～en]
□ das **Museum** ムゼーウム	中 美術館; 博物館 [複 Museen]
□ das **Krankenhaus** クランケンハオス	中 病院 [複 -häuser]
□ das **Kino** キーノ	中 映画館 [複 ～s]
□ das **Café** カフェー	中 喫茶店 [複 ～s]
□ die **Großstadt** グロースシュタット	女 大都市 [複 -städte]
□ die **Hauptstadt** ハオプトシュタット	女 首都 [複 -städte]
□ die **Richtung** リヒトゥング	女 方向 [複 ～en]

セクション 29

□ die **Kartoffel** カルトッフェル	女 ジャガイモ [複 ～n]
□ die **Tomate** トマーテ	女 トマト [複 ～n]
□ die **Zwiebel** ツヴィーベル	女 タマネギ [複 ～n]
□ die **Wurst** ヴルスト	女 ソーセージ [複 Würste]
□ der **Käse** ケーゼ	男 チーズ [複 ～]
□ die **Frucht** フルフト	女 果物; 果実 [複 Früchte]

☐	die **Orange** オラーンジェ	囡 **オレンジ** [複 ～n]
☐	die **Birne** ビルネ	囡 **洋ナシ**; **電球** [複 ～n]
☐	die **Schokolade** ショコラーデ	囡 **チョコレート**;（飲み物の）**ココア** [複 ～n]
☐	das **Salz** ザルツ	中 **塩**
☐	das **Eis** アイス	中 **アイスクリーム**; **氷**
☐	der **Alkohol** アルコホール	男 **アルコール**; **酒**
☐	das **Getränk** ゲトレンク	中 **飲み物** [複 ～e]
☐	die **Zigarette** ツィガレッテ	囡 **紙巻きタバコ** [複 ～n]
☐	das **Geschirr** ゲシル	中 **食器** [複 ～e]
☐	die **Tasse** タッセ	囡 **カップ** [複 ～n] ◆eine Tasse Kaffee コーヒー1杯
☐	der **Teller** テラー	男 **皿** [複 ～]
☐	die **Gabel** ガーベル	囡 **フォーク** [複 ～n]
☐	der **Löffel** レッフェル	男 **スプーン** [複 ～]
☐	das **Messer** メッサー	中 **ナイフ** [複 ～]

☐	die **Flasche** フラッシェ	女 びん [複 〜n]
☐	der **Topf** トプフ	男 (深) なべ [複 Töpfe]
☐	die **Pfanne** プファネ	女 フライパン [複 〜n]

セクション 30

☐	die **Kleidung** クライドゥング	女 衣服; 服装 [複 〜en]
☐	der **Anzug** アンツーク	男 スーツ [複 Anzüge]
☐	das **Kleid** クライト	中 ドレス; ワンピース [複 〜er]
☐	die **Bluse** ブルーゼ	女 ブラウス [複 〜n]
☐	die **Hose** ホーゼ	女 ズボン [複 〜n]
☐	der **Rock** ロック	男 スカート [複 Röcke]
☐	das **Hemd** ヘムト	中 シャツ [複 〜en]
☐	der **Mantel** マンテル	男 コート [複 Mäntel]
☐	der **Hut** フート	男 帽子 [複 Hüte]
☐	die **Krawatte** クラヴァッテ	女 ネクタイ [複 〜n]
☐	die **Uniform** ウニフォルム	女 制服 [複 〜en]
☐	die **Wäsche** ヴェッシェ	女 洗濯物; 洗濯 [複 〜n] ⇨ **waschen** 洗う

☐ die **Handtasche** ハントタッシェ	女 ハンドバッグ [複 〜n]	
☐ das **Handy** ヘンディ	中 携帯電話 [複 〜s]	
☐ der **Schirm** シルム	男 傘 [複 〜e]	
☐ der **Regenschirm** レーゲンシルム	男 雨傘 [複 〜e]	
☐ das **Tuch** トゥーフ	中 布 [複 Tücher]	
☐ der **Stoff** シュトフ	男 布地; 物質; 題材 [複 〜e]	

セクション 31

CD① 35

☐ das **Hobby** ホビ	中 趣味 [複 〜s]
☐ der **Fußball** フースバル	男 サッカー
☐ der **Ski** シー	男 スキー [複 〜er]
☐ das **Tennis** テニス	中 テニス
☐ das **Schwimmbad** シュヴィムバート	中 (スイミング)プール [複 -bäder]
☐ die **Mannschaft** マンシャフト	女 (スポーツの)チーム [複 〜en]
☐ das **Spiel** シュピール	中 ゲーム; 遊び; 演奏 [複 〜e]
☐ der **Ausflug** アオスフルーク	男 ハイキング [複 Ausflüge]
☐ der **Spaziergang** シュパツィーアガング	男 散歩 [複 -gänge] ⇨ **spazieren** 散歩する

☐	das **Foto** フォート	中 写真 [複 〜s]
☐	die **Kultur** クルトゥーア	女 文化 [複 〜en]
☐	die **Kunst** クンスト	女 芸術; 技術 [複 Künste]
☐	das **Konzert** コンツェルト	中 コンサート [複 〜e]
☐	das **Klavier** クラヴィーア	中 ピアノ [複 〜e]
☐	die **Geige** ガイゲ	女 バイオリン [複 〜n]
☐	der **Ton** トーン	男 音 [複 Töne]
☐	die **Literatur** リテラトゥーア	女 文学 [複 〜en]
☐	der **Roman** ロマーン	男 (長編)小説 [複 〜e]
☐	die **Farbe** ファルベ	女 色; 絵の具 [複 〜n]

セクション 32　　CD❶ 36

☐	der **Markt** マルクト	男 マーケット; 市場 [複 Märkte] ◆der **Markt**platz (中央)広場
☐	der **Laden** ラーデン	男 店 [複 Läden]
☐	die **Apotheke** アポテーケ	女 薬局 [複 〜n]
☐	die **Buchhandlung** ブーフハンドルング	女 書店 [複 〜en]

☐	die **Bäckerei** ベッケライ	女 パン屋 [複 〜en]
☐	der **Supermarkt** ズーパーマルクト	男 スーパーマーケット [複 -märkte]
☐	der **Automat** アオトマート	男 自動販売機 [複 〜en]
☐	die **Kasse** カッセ	女 レジ [複 〜n]
☐	der **Kunde** クンデ	男 客；得意先 [複 〜n] 女 die **Kundin**
☐	das **Angebot** アンゲボート	中 提供品；オファー；供給 [複 〜e]
☐	die **Sorte** ゾルテ	女 種類 [複 〜n]
☐	der **Preis** プライス	男 値段 [複 〜e] ⇨ **preiswert** お買い得の
☐	der **Scheck** シェック	男 小切手 [複 〜s]
☐	die **Münze** ミュンツェ	女 コイン [複 〜n]
☐	der **Job** ジョップ	男 アルバイト [複 〜s] ⇨ **jobben** アルバイトをする
☐	der **Ausweis** アオスヴァイス	男 証明書 [複 〜e]
☐	der **Arbeitsplatz** アルバイツプラッツ	男 職場 [複 -plätze]
☐	die **Fabrik** ファブリーク	女 工場 [複 〜en]

□ das **Unternehmen** ウンターネーメン	中 企業; 企て [複 ～]
□ der **Handel** ハンデル	男 商取引; 貿易 ⇨ handeln 行動する
□ der **Import** インポルト	男 輸入 [複 ～e] ⇔ der Export
□ der **Export** エクスポルト	男 輸出 [複 ～e] ⇔ der Import
□ der **Vertrag** フェアトラーク	男 契約 [複 Verträge]
□ der **Lohn** ローン	男 賃金 [複 Löhne]
□ die **Qualität** クヴァリテート	女 質 [複 ～en]
□ die **Ware** ヴァーレ	女 商品 [複 ～n]

セクション 33　CD① 37

□ die **Klasse** クラッセ	女 クラス [複 ～n]
□ die **Gruppe** グルッペ	女 グループ [複 ～n]
□ das **Semester** ゼメスター	中 (大学の) 学期 [複 ～]
□ der **Unterricht** ウンターリヒト	男 授業
□ die **Pause** パオゼ	女 休憩 [複 ～n] ◆ eine Pause machen ひと休みする

☐ die **Aufgabe** アオフガーベ	女 課題 [複 ～n]	
☐ die **Hausaufgabe** ハオスアオフガーベ	女 宿題 [複 ～n]	
☐ die **Übung** ユーブング	女 練習; 練習問題 [複 ～en]	
☐ das **Beispiel** バイシュピール	中 例 [複 ～e] ◆zum Beispiel　例えば	
☐ das **Heft** ヘフト	中 ノート [複 ～e]	
☐ der **Bleistift** ブライシュティフト	男 鉛筆 [複 ～e]	
☐ der **Kugelschreiber** クーゲルシュライバー	男 ボールペン [複 ～]	
☐ der **Fehler** フェーラー	男 誤り; ミス [複 ～]	
☐ das **Mittel** ミッテル	中 手段; 薬 [複 ～] ◆die **Lebensmittel**　食料品	
☐ die **Kenntnis** ケントニス	女 知識 [複 ～se]	
☐ die **Meinung** マイヌング	女 意見 [複 ～en] ◆nach meiner Meinung 　私の考えでは	
☐ der **Punkt** プンクト	男 点 [複 ～e]	
☐ die **Linie** リーニエ	女 線 [複 ～n] ◆in erster Linie　まず第一に	

□ die **Seite** ザイテ	女 (側) 面; ページ ［複 〜n］
□ der **Kreis** クライス	男 円; (人々の) サークル ［複 〜e］
□ die **Biologie** ビオロギー	女 生物学
□ die **Chemie** ヒェミー	女 化学
□ die **Mathematik** マテマティーク	女 数学

セクション 34

□ die **Aussprache** アオスシュプラーヘ	女 発音
□ der **Buchstabe** ブーフシュターベ	男 文字 ［複 〜n］
□ die **Fremdsprache** フレムトシュプラーヘ	女 外国語 ［複 〜n］
□ das **Wörterbuch** ヴェルターブーフ	中 辞書 ［複 -bücher］
□ der **Stil** シュティール	男 スタイル; 様式 ［複 〜e］
□ die **Nachricht** ナーハリヒト	女 ニュース ［複 〜en］
□ die **Bedeutung** ベドイトゥング	女 意味 ［複 〜en］
□ (das) **Ostern** オースターン	中 復活祭
□ der/das **Silvester** ズィルヴェスター	男 中 大みそか ［複 〜］
□ die **Hochzeit** ホッホツァイト	女 結婚式 ［複 〜en］

☐	die **Party** パーティ	女 パーティー ［複 ～s］
☐	das **Fest** フェスト	中 祭り ［複 ～e］
☐	das **Gespräch** ゲシュプレーヒ	中 会話 ［複 ～e］
☐	der **Gruß** グルース	男 あいさつ ［複 Grüße］ ⇨ **grüßen** あいさつする
☐	der **Kuss** クス	男 キス ［複 Küsse］ ⇨ **küssen** キスする
☐	der **Besuch** ベズーフ	男 訪問 ［複 ～e］
☐	der **Anruf** アンルーフ	男 電話（をかけること）［複 ～e］ ⇨ **an|rufen** 電話する
☐	die **Hilfe** ヒルフェ	女 手助け；援助 ［複 ～n］ ⇨ **helfen** 助ける
☐	die **Bitte** ビッテ	女 お願い ［複 ～n］
☐	der **Rat** ラート	男 アドバイス ［複 Ratschläge］

セクション 35

☐	die **Briefmarke** ブリーフマルケ	女 切手 ［複 ～n］
☐	die **Postkarte** ポストカルテ	女 はがき ［複 ～n］
☐	das **Paket** パケート	中 小包 ［複 ～e］

☐	der **Verkehr** フェアケーア	男 **交通**; **交流**
☐	die **Fahrt** ファールト	女（乗り物の）**走行**; **ドライブ** [複]〜en ⇨fahren （乗り物で）行く
☐	die **Autobahn** アオトバーン	女 **アウトバーン** [複]〜en
☐	das **Benzin** ベンツィーン	中 **ガソリン**
☐	der **Lkw** エルカーヴェー	男 **トラック** [複]〜s
☐	der **Pkw** ペーカーヴェー	男 **乗用車** [複]〜s
☐	die **Bahn** バーン	女 **鉄道**; **軌道** [複]〜en
☐	die **Eisenbahn** アイゼンバーン	女 **鉄道** [複]〜en
☐	die **U-Bahn** ウーバーン	女 **地下鉄** [複]〜en
☐	der **Bahnsteig** バーンシュタイク	男 **プラットホーム** [複]〜e
☐	das **Schiff** シフ	中 **船** [複]〜e
☐	das **Motorrad** モートーアラート	中 **オートバイ** [複]-räder
☐	das **Boot** ボート	中 **ボート** [複]〜e
☐	das **Rad** ラート	中 **車輪** [複]Räder ◆das **Fahrrad** 自転車

☐ die **Fahrkarte** ファールカルテ	女 乗車券 [複 〜n]
☐ der **Führerschein** フューラーシャイン	男 運転免許証 [複 〜e]
☐ die **Haltestelle** ハルテシュテレ	女 停留所 [複 〜n]
☐ der **Flughafen** フルークハーフェン	男 空港 [複 -häfen]
☐ der **Unfall** ウンファル	男 事故 [複 Unfälle]

セクション 36　　CD❶ 40

☐ das **Reisebüro** ライゼビュロー	中 旅行代理店 [複 〜s]
☐ der **Tourist** トゥリスト	男 観光客 [複 〜en] 女 die **Touristin**
☐ die **Abfahrt** アップファールト	女 出発 ⇨ ab|fahren　出発する
☐ die **Ankunft** アンクンフト	女 到着 ⇨ an|kommen　到着する
☐ der **Aufenthalt** アオフエントハルト	男 滞在 [複 〜e]
☐ das **Gepäck** ゲペック	中 手荷物
☐ der **Pass** パス	男 パスポート [複 Pässe]
☐ das **Visum** ヴィーズム	中 ビザ [複 Visa]

☐	der **Koffer** コッファー	男 スーツケース；トランク ［複〜］
☐	das **Einzelzimmer** アインツェルツィマー	中 シングルルーム ［複〜］
☐	das **Doppelzimmer** ドッペルツィマー	中 ツインルーム ［複〜］
☐	der **Staat** シュタート	男 国家 ［複〜en］
☐	die **Gegend** ゲーゲント	女 地方 ［複〜en］
☐	das **Gebiet** ゲビート	中 地域；エリア；分野 ［複〜e］
☐	der **Ort** オルト	男 場所 ［複〜e］
☐	die **Stelle** シュテレ	女 場所；地位；ポスト ［複〜n］
☐	die **Nähe** ネーエ	女 近所；付近

セクション 37

CD① 41

☐	die **Gesellschaft** ゲゼルシャフト	女 社会；会社 ［複〜en］
☐	die **Politik** ポリティーク	女 政治；政策
☐	die **Regierung** レギールング	女 政府 ［複〜en］
☐	die **Republik** レプブリーク	女 共和国 ［複〜en］
☐	die **Wirtschaft** ヴィルトシャフト	女 経済
☐	die **Zivilisation** ツィヴィリザツィオーン	女 文明 ［複〜en］

☐	die **Revolution** レヴォルツィオーン	女 **革命** [複 〜en]
☐	der **Krieg** クリーク	男 **戦争** [複 〜e] ⇔ der **Frieden**
☐	der **Frieden** フリーデン	男 **平和** ⇔ der **Krieg**
☐	die **Freiheit** フライハイト	女 **自由** ⇨ **frei** 自由な
☐	das **Recht** レヒト	中 **権利**; **法** [複 〜e]
☐	die **Pflicht** プフリヒト	女 **義務** [複 〜en]
☐	das **Verhältnis** フェアヘルトニス	中 **関係**; **割合**;（複数で）**状況** [複 〜se]
☐	der **Cent** セント	男 **セント**（通貨単位）[複 〜(s)]
☐	das **Dutzend** ドゥッツェント	中 **ダース** [複 〜e]
☐	der **Meter** メーター	男 **メートル** [複 〜]
☐	der **Zentimeter** ツェンティメーター	男 **センチメートル** [複 〜]
☐	der **Kilometer** キロメーター	男 **キロメートル** [複 〜]
☐	die **Million** ミリオーン	女 **100万** [複 〜en]
☐	die **Zahl** ツァール	女 **数** [複 〜en]

☐	die **Nummer** ヌマー	女 番号; ナンバー [複 ～n]
☐	das **Prozent** プロツェント	中 パーセント
☐	der **Teil** タイル	男 部分 [複 ～e] ◆zum Teil 一部は; 部分的には ⇨teilen 分ける

セクション 38

☐	das **Licht** リヒト	中 光; 明かり [複 ～er]
☐	die **Luft** ルフト	女 空気
☐	der **Mond** モーント	男 月
☐	der **Stern** シュテルン	男 星 [複 ～e]
☐	der **Weltraum** ヴェルトラオム	男 宇宙
☐	die **Landschaft** ラントシャフト	女 風景 [複 ～en]
☐	der **Bach** バッハ	男 小川 [複 Bäche]
☐	das **Feld** フェルト	中 野原; 畑; 分野 [複 ～er]
☐	die **Insel** インゼル	女 島 [複 ～n]
☐	die **Quelle** クヴェレ	女 泉; 源(みなもと) [複 ～n]
☐	das **Atom** アトーム	中 原子 [複 ～e]

☐ das **Holz** ホルツ	中 木材
☐ das **Klima** クリーマ	中 気候 [複 Klimata]
☐ der **Regen** レーゲン	男 雨 ◆ der **Regen**schirm 雨傘 ⇨ regnen 雨が降る
☐ der **Schnee** シュネー	男 雪 ⇨ schneien 雪が降る
☐ die **Wolke** ヴォルケ	女 雲 [複 〜n]
☐ der **Donner** ドナー	男 雷 [複 〜]
☐ das **Gewitter** ゲヴィッター	中 雷雨 [複 〜]

独検 5級 **4級** 3級 展開 名詞

❖──おもな都市名

Berlin ベルリーン	ベルリン	**Berliner** ベルリーナー	ベルリンの
München ミュンヒェン	ミュンヘン	**Münchner** ミュンヒナー	ミュンヘンの
Hamburg ハンブルク	ハンブルク	**Hamburger** ハンブルガー	ハンブルクの
Frankfurt フランクフルト	フランクフルト	**Frankfurter** フランクフルター	フランクフルトの
Wien ヴィーン	ウィーン	**Wiener** ヴィーナー	ウィーンの
Paris パリース	パリ	**Pariser** パリーザー	パリの

セクション 39

☐ hoffen
ホッフェン

動 (..⁴ を) **望む**; (auf ..⁴ を) **期待する**
- Wir hoffen, dass unser Zug pünktlich in München ankommt.
  列車が時間どおりにミュンヘンに着くことを望みます。

☐ wünschen
ヴュンシェン

動 (..⁴ を) **望む**; (..⁴ を) **願う**
- Ich wünsche Ihnen ein schönes Wochenende.
  よい週末をお過ごしください。

☐ wundern
ヴンダーン

動 (sich⁴ über ..⁴ に) **驚く**
- Ich wundere mich über sein Angebot.
  私は彼の申し出に驚いている。

☐ fürchten
フュルヒテン

動 (..⁴ を) **恐れる**; (sich⁴) **こわがる**
- Sie fürchtet ihren Mann.
  彼女は夫を恐れている。
- Ich fürchte mich vor Hunden.
  私は犬がこわい。

☐ sorgen
ゾルゲン

動 (für ..⁴ の) **面倒を見る**
- Wer sorgt für den Hund?
  誰が犬の世話をするの?

☐ leid|tun
ライトトゥーン

動 (Es tut mir leid の形で) **残念だ**
<leidtun-tat...leid-leidgetan>
- Es tut mir leid, dass ich dir nicht

helfen kann.
お手伝いできなくて残念だ。

☐ **interessieren**
インテレス**ィ**ーレン

動 (**sich**⁴ für ‥⁴ に) **興味がある**
<interessieren-interessierte-interessiert>
◆ Interessieren Sie sich für Musik?
音楽に興味がありますか？

☐ **lächeln**
レッヒェルン

動 **ほほえむ**
◆ Die Verkäuferin lächelt freundlich.
（女性の）店員がにこやかにほほえむ。

☐ **blicken**
ブリッケン

動 (…へ) **目を向ける**
◆ Sie blickt immer wieder auf die Uhr.
彼女は何度も時計を見る。

☐ **beobachten**
ベオーバハテン

動 (‥⁴ を) **観察する**
◆ Er beobachtet die Sterne.
彼は星を観察している。

☐ **erfahren**
エアファーレン

du erfährst
er erfährt

動 (‥⁴ のことを) **知る**;
(‥⁴ を) **経験する**
<erfahren-erfuhr-erfahren>
◆ Er erfuhr das aus meinem Brief.
彼は私の手紙からそのことを知った。

☐ **erinnern**
エアイナーン

動 (**sich**⁴ an ‥⁴ を) **思い出す** (覚えている)
◆ Erinnern Sie sich noch an ihn?

彼のことをまだ覚えていますか?

セクション **40**

- □ **begrüßen**
  ベグリューセン

  動 (..⁴ に) **あいさつする**;
  (..⁴ を) **歓迎する**
  - ◆ Wir begrüßen den neuen Kollegen.
    私たちは新しい同僚を歓迎する。

- □ **grüßen**
  グリューセン

  動 (..⁴ に) **あいさつする**;
  (..⁴ に) **よろしくと伝える**
  - ◆ Grüßen Sie bitte Ihre Eltern von mir!
    ご両親に私からどうぞよろしくお伝えください。

- □ **telefonieren**
  テレフォニーレン

  動 **電話で話す**
  <telefonieren-telefonierte-telefoniert>
  - ◆ Ich telefoniere mit dem Professor.
    私は教授と電話で話す。

- □ **küssen**
  キュッセン

  動 (..⁴ に) **キスする**
  - ◆ Er küsste seine Braut.
    彼は花嫁にキスした。

- □ **schweigen**
  シュヴァイゲン

  動 **黙っている**
  <schweigen-schwieg-geschwiegen>
  - ◆ Der Mann schwieg einen Augenblick.
    その男は一瞬沈黙した。

rufen
ルーフェン

動 (..⁴ を) **呼ぶ**
<rufen-rief-gerufen>
◆ Rufen Sie bitte den Krankenwagen!
救急車を呼んでください。

reden
レーデン

動 **話す**; **語る**
◆ Heute redet er über Umweltprobleme.
きょう彼は環境問題について話す。

vor|stellen
フォーアシュテレン

動 (..³ に ..⁴ を) **紹介する**; (**sich**³ ..⁴ を) **想像する**
◆ Anna stellt uns ihren Mann vor.
アナは私たちに彼女の夫を紹介する。
◆ Ich habe ihn mir älter vorgestellt.
私は彼をもっと年上だと思っていた。

kennen|lernen
ケネンレルネン

動 (..⁴ と) **知り合いになる**
◆ Ich habe sie im Urlaub kennengelernt.
私は彼女と休暇中に知り合った。

unterhalten
ウンターハルテン

du unterhältst
er unterhält

動 (**sich**⁴ mit ..³ と) (楽しく) **おしゃべりする**
<unterhalten-unterhielt-unterhalten>
◆ Lukas unterhält sich mit seiner Freundin.
ルーカスはガールフレンドと楽しくおしゃべりしている。

☐ **teil|nehmen** タイルネーメン *du* nimmst…teil *er* nimmt…teil	動 (an ‥³ に) **参加する** <teilnehmen-nahm…teil-teilgenommen> ◆ Wir nehmen an der Party teil. 　私たちはパーティーに参加します。
☐ **leihen** ライエン	動 (‥³ に ‥⁴ を) **貸す**; (**sich**³ ‥⁴ を) **借りる** <leihen-lieh-geliehen> ◆ Kannst du mir dein Fahrrad leihen? 　君の自転車を貸してくれないか？ ◆ Ich leihe mir sein Wörterbuch. 　私は彼の辞書を借りる。
☐ **begegnen** ベゲーグネン	動 (‥³ に) **出会う** ◆ Ich bin ihm zufällig auf der Straße begegnet. 　私はたまたま彼に通りで出会った。
☐ **heiraten** ハイラーテン	動 (‥⁴ と) **結婚する** ◆ Meine Nichte heiratet morgen ihren Freund. 　私の姪(めい)は明日ボーイフレンドと結婚する。
☐ **feiern** ファイアーン	動 (‥⁴ を) **祝う** ◆ Wir feiern ihren Geburtstag. 　私たちは彼女の誕生日をお祝いする。
☐ **gratulieren** グラトゥリーレン	動 (‥³ に) **おめでとうと言う** <gratulieren-gratulierte-gratuliert>

◆ Ich gratuliere Ihnen herzlich zum Geburtstag.
お誕生日おめでとうございます。

□ **bedeuten**
ベドイテン

動 (‥⁴ を) **意味する**

◆ Was bedeutet dieses Wort?
この単語はどういう意味ですか?

□ **meinen**
マイネン

動 (‥⁴ と) **思う**; (‥⁴ と) **発言する**

◆ Ich meine, dass er recht hat.
私は彼は正しいと思います。

□ **loben**
ローベン

動 (‥⁴ を) **ほめる**

◆ Der Lehrer lobt den Schüler für seine gute Arbeit.
先生が生徒のよい仕事をほめる。

セクション 41

CD❶ 46

□ **auf|stehen**
アオフシュテーエン

動 **起きる**

<aufstehen-stand...auf-aufgestanden>

◆ Sie steht um sechs Uhr auf.
彼女は 6 時に起きる。

□ **backen**
バッケン

du bäckst (backst)
er bäckt (backt)

動 (パンなど⁴ を) **焼く**

<backen-backte-gebacken>

◆ Marie bäckt Kuchen gut.
マリーはケーキをじょうずに焼く。

□ **frühstücken**
フリューシュテュッケン

動 **朝食を食べる**

<frühstücken-frühstückte-gefrühstückt>

◆ Haben Sie schon gefrühstückt?

もう朝食を済ませましたか?

☐ **schmecken**
シュメッケン

動 (…の) **味がする**
◆ Diese Suppe schmeckt bitter.
このスープは苦い味がする。

☐ **waschen**
ヴァッシェン

du wäschst
er wäscht

動 (··⁴ を) **洗う**
<waschen-wusch-gewaschen>
◆ Ich möchte mir die Hände waschen.
手を洗いたいのですが。

☐ **putzen**
プッツェン

動 (··⁴ を) **磨く**；(··⁴ を) **掃除する**
◆ Putz dir die Zähne nach dem Essen!
食後には歯を磨きなさい。

☐ **fern|sehen**
フェルンゼーエン

du siehst…fern
er sieht…fern

動 **テレビを見る**
<fernsehen-sah…fern-ferngesehen>
◆ Lukas hat den ganzen Tag ferngesehen.
ルーカスは一日中テレビを見ていた。

☐ **baden**
バーデン

動 **ふろに入る**；**水浴びする**
◆ Sie badet gern in heißem Wasser.
彼女は熱いおふろが好きだ。

☐ **duschen**
ドゥーシェン

動 (sich⁴) **シャワーを浴びる**
◆ Er duscht sich warm jeden Morgen.

彼は毎朝温かいシャワーを浴びる。

□ **auf|machen**
アオフマッヘン

動 (窓・手紙・箱など⁴ を) **開ける**
- Die Tochter macht den Koffer des Vaters auf.
  娘が父のトランクを開ける。
⇔ **zu|machen**

□ **zu|machen**
ツーマッヘン

動 (‥⁴ を) **閉める**
- Das Mädchen macht still die Tür zu.
  少女は静かにドアを閉める。
⇔ **auf|machen**

□ **schließen**
シュリーセン

動 (‥⁴ を) **閉める**：(店などが) **閉まる**
<schließen-schloss-geschlossen>
- Bitte schließen Sie die Tür!
  ドアを閉めてください。
- Das Kaufhaus schließt um 20 Uhr.
  デパートは20時に閉店する。
⇔ **öffnen**

□ **aus|machen**
アオスマッヘン

動 (明かり・テレビなど⁴ を) **消す**
- Hast du das Licht ausgemacht?
  明かりを消したかい?

□ **aus|gehen**
アオスゲーエン

動 **外出する**
<ausgehen-ging...aus-ausgegangen>
- Heute Abend gehen wir aus.
  今晩私たちは外出します。

parken
パルケン

動 駐車する

- Hier darfst du nur eine Stunde parken.
  ここは1時間だけ駐車してもよい。

mit|bringen
ミットブリンゲン

動 (..⁴を) 持ってくる

<mitbringen-brachte...mit-mitgebracht>

- Haben Sie den Regenschirm mitgebracht?
  傘を持ってきましたか?

klopfen
クロプフェン

動 たたく

- Er klopft an die Tür.
  彼はドアをノックする。

besitzen
ベズィッツェン

動 (..⁴を) 所有している

<besitzen-besaß-besessen>

- Der Schauspieler besitzt ein großes Haus.
  その俳優は大きな家を持っている。

behalten
ベハルテン

du behältst
er behält

動 (..⁴を) 持ち続ける

<behalten-behielt-behalten>

- Das Buch kannst du behalten.
  その本を持っていてもいいよ。

benutzen
ベヌッツェン

動 (..⁴を) 利用する

- Ich benutze oft ein Taxi.
  私はよくタクシーを使います。

| □ **packen**
パッケン | 動 (‥⁴ に) **物を詰める**
◆ Ich habe schon meinen Koffer gepackt.
私はもうトランクに荷物を詰めました。 |

| □ **mieten**
ミーテン | 動 (‥⁴ を) **賃借りする**
◆ Wir möchten ein Boot mieten.
私たちはボートを1台借りたい。 |

| □ **um\|ziehen**
ウムツィーエン | 動 **引っ越す**; (sich⁴) **着替える**
<umziehen-zog...um-umgezogen>
◆ Nächsten Monat ziehen wir nach Berlin um.
来月私たちはベルリンへ引っ越す。
◆ Wir ziehen uns fürs Konzert um.
私たちはコンサートに行くために着替える。 |

セクション 42

| □ **aus\|sehen**
アオスゼーエン
du siehst...aus
er sieht...aus | 動 (…のように) **見える**
<aussehen-sah...aus-ausgesehen>
◆ Die Lehrerin sieht noch jung aus.
その女の先生はまだ若いように見える。 |

| □ **ändern**
エンダーン | 動 (‥⁴ を) **変える**; (sich⁴) **変わる**
◆ Ich ändere niemals meinen Plan.
私は決して計画を変えることはない。 |

	◆ Plötzlich änderte sich das Wetter. 急に天気が変わった。
☐ **dauern** ダオアーン	動 続く；(時間が) **かかる** ◆ Der Film dauerte zwei Stunden. その映画は2時間かかった。
☐ **fehlen** フェーレン	動 (…³ にとって) **欠けている**；**欠席している** ◆ Ihm fehlt das Geld für die Reise. 彼には旅行のお金がない。 ◆ Max fehlt schon seit drei Tagen. マックスはもう3日前から欠席です。
☐ **stimmen** シュティメン	動 (事実と) **合っている** ◆ Die Adresse stimmt nicht mehr. その住所はもう合っていない(変わっている)。
☐ **fallen** ファレン *du* fällst *er* fällt	動 **落ちる** <fallen-fiel-gefallen> ◆ Die Blätter fallen von den Bäumen. 木の葉が木から落ちる。
☐ **geschehen** ゲシェーエン *es* geschieht	動 (事件などが) **起こる** <geschehen-geschah-geschehen> ◆ Hier ist das Unglück geschehen. ここで事故は起きた。

wachsen
ヴァクセン

du wächst
er wächst

動 成長する

<wachsen-wuchs-gewachsen>

◆ Die Pflanze will gar nicht wachsen.
この植物はまったく成長しそうにない。

erreichen
エアライヒェン

動 (..⁴ に) **届く**;
(乗り物⁴ に) **間に合う**

◆ Sie haben gerade noch den letzten Zug erreicht.
彼らはやっと終電に間に合った。

angeln
アンゲルン

動 釣りをする

◆ Wir gehen heute angeln.
私たちはきょう釣りに出かける。

fotografieren
フォトグラフィーレン

動 (..⁴ の) **写真を撮る**

<fotografieren-fotografierte-fotografiert>

◆ Lisa fotografiert ihre Familie.
リーザは家族の写真を撮る。

spazieren
シュパツィーレン

動 散歩する

<spazieren-spazierte-spaziert>

◆ Nach dem Essen sind wir alle zusammen spazieren gegangen.
食事のあと私たちはみんな一緒に散歩した。

☐ **tanzen** タンツェン	動 **踊る** ◆ Shota tanzt mit einer Deutschen. ショウタはドイツ人女性と踊る。
☐ **statt|finden** シュ**タッ**トフィンデン	動 (イベントなどが) **行われる** <stattfinden-fand...statt-stattgefunden> ◆ Das Fußballspiel findet morgen hier statt. サッカーの試合は明日ここで行われる。
☐ **gewinnen** ゲ**ヴィ**ネン	動 (試合など⁴に) **勝つ**; (賞など⁴を) **獲得する** <gewinnen-gewann-gewonnen> ◆ Wir haben das Spiel gewonnen. 私たちは試合に勝った。 ⇔ **verlieren**
☐ **verbringen** フェア**ブ**リンゲン	動 (時間⁴を) **過ごす** <verbringen-verbrachte-verbracht> ◆ Sie verbringt ihren Urlaub jedes Jahr in Italien. 彼女は休暇を毎年イタリアで過ごす。
☐ **verkaufen** フェア**カ**オフェン	動 (‥⁴を) **売る** ◆ Er will sein altes Auto verkaufen. 彼は自分の古い車を売りたがっている。 ⇔ **kaufen**

☐ **ein|kaufen** アインカオフェン	動 買い物をする ◆ Erika ist einkaufen gegangen. エーリカは買い物に出かけた。
☐ **mit|nehmen** ミットネーメン *du* nimmst…mit *er* nimmt…mit	動 (‥⁴ を) 持っていく； (‥⁴ を) 連れていく <mitnehmen-nahm…mit-mitgenommen> ◆ Du sollst den Regenschirm mitnehmen. 傘を持っていったほうがいいよ。 ◆ Ich habe die Kinder auf die Reise mitgenommen. 私は子どもたちを旅行に連れていった。
☐ **probieren** プロビーレン	動 (‥⁴ を) 試す；試食（試飲）する <probieren-probierte-probiert> ◆ Lena probierte den Wein. レーナはそのワインを試してみた。
☐ **passen** パッセン	動 (‥³ に) ぴったり合う ◆ Der Mantel passt mir nicht. このコートは私にはサイズが合わない。
☐ **sparen** シュパーレン	動 節約する；貯金する ◆ Wir sparen für ein neues Auto. 私たちは新しい車を買うために貯金している。

独検 5級 **4級** 3級 展開 動詞

109

セクション 43

aus|sprechen
アオスシュプレッヘン

du sprichst…aus
er spricht…aus

動 (‥⁴ を) **発音する**

<aussprechen-sprach…aus-ausgesprochen>

◆ Sie sprechen das Wort falsch aus.
あなたはその単語を間違って発音しています。

rechnen
レヒネン

動 計算する; (mit ‥³ を) **頼りにする**

◆ Bastian kann gut rechnen.
バスチアンは計算が得意だ。

◆ Wir haben mit dir gerechnet.
私たちは君を当てにしていた。

zählen
ツェーレン

動 数を数える

◆ Das Kind kann schon bis 100 zählen.
その子はもう 100 まで数えられる。

lösen
レーゼン

動 (問題など⁴ を) **解く**

◆ Er hat das Rätsel einfach gelöst.
彼はその謎をあっさり解いた。

prüfen
プリューフェン

動 (‥⁴ に) **試験をする**; **検査する**

◆ Der Lehrer prüft ihn in Mathematik.
先生は彼に数学の試験をする。

◆ Haben Sie die Rechnung genau geprüft?
請求書を詳しくチェックしましたか？

bestehen
ベシュテーエン

動 (試験など⁴に) **合格する**; (aus ‥³ から) **できている**
<bestehen-bestand-bestanden>
- Jan hat die Prüfung bestanden.
  ヤンは試験に合格した。
- Der Tisch besteht aus Holz.
  そのテーブルは木でできている。

lehren
レーレン

動 (‥⁴を) **教える**
- Barbara lehrt Physik am Gymnasium.
  バルバラはギムナジウムで物理学を教えている。

⇔ **lernen**

wiederholen
ヴィーダーホーレン

動 (‥⁴を) **繰り返す**
- Ich habe die Frage wiederholt.
  私はその質問を繰り返して言った。

vor|bereiten
フォーアベライテン

動 (‥⁴の) **準備をする**
- Meine Frau bereitet die Reise vor.
  妻は旅行の準備をする。

übersetzen
ユーバーゼッツェン

動 (‥⁴を) **翻訳する**
- Herr Murakami übersetzt das Märchen ins Japanische.
  村上さんはそのメルヘンを日本語に翻訳する。

☐ **ab|holen** アップホーレン	動 (‥⁴ を) **迎えに行く**; (‥⁴ を) **受け取りに行く** ◆ Ich hole dich morgen vom Bahnhof ab. 君をあした駅に迎えに行くよ。
☐ **beginnen** ベギネン	動 **始まる**; (‥⁴ を) **始める** <beginnen-begann-begonnen> ◆ Das Konzert beginnt um 19 Uhr. コンサートは 19 時に始まります。 ⇔ **enden**
☐ **auf|hören** アオフヘーレン	動 (mit ‥³ を) **やめる**; **終わる** ◆ Jetzt höre ich mit der Arbeit auf. もう仕事はやめにしよう。
☐ **wählen** ヴェーレン	動 (‥⁴ を) **選ぶ** ◆ Ich wählte dieses Buch als Geschenk. 私はこの本をプレゼントとして選んだ。
☐ **führen** フューレン	動 (‥⁴ を) **連れて行く**; (道が…へ) **通じている** ◆ Ich führe dich in ein gutes Restaurant. 君をよいレストランに案内しよう。 ◆ Die Bahn führt ans Meer. 鉄道が海岸まで通じている。

füllen
フュレン

動 (..⁴ を) **満たす**; **詰める**
- Der Vater füllt das Glas mit Wein.
  父はグラスにワインを満たす。

suchen
ズーヘン

動 (..⁴ を) **探す**;
(nach ..³ を) **探し求める**
- Der Student sucht ein Zimmer.
  その学生は部屋を探している。
- Die Polizei sucht nach ihrem Mann.
  警察は彼女の夫を探している。

fangen
ファンゲン

du fängst
er fängt

動 (..⁴ を) **つかむ**; **つかまえる**
<fangen-fing-gefangen>
- Die Polizei hat den Dieb gefangen.
  警察はどろぼうをつかまえた。

schneiden
シュナイデン

動 (..⁴ を) **切る**
<schneiden-schnitt-geschnitten>
- Meine Mutter schneidet den Kuchen in vier Stücke.
  母はケーキを四つに切る。

setzen
ゼッツェン

動 (sich⁴) **座る**
- Er setzt sich auf die Bank.
  彼はベンチに座る。
⇨ **sitzen**　座っている

113

☐ **sammeln** ザメルン	動 (‥⁴ を) **集める** ◆ Ich sammle Briefmarken. 私は切手を集めている。
☐ **verlieren** フェアリーレン	動 (‥⁴ を) **失う**; (‥⁴ に) **負ける** <verlieren-verlor-verloren> ◆ Sie hat den Ring verloren. 彼女は指輪をなくしてしまった。 ◆ Wir haben das Spiel verloren. 私たちは試合に負けた。 ⇔ **gewinnen**
☐ **werfen** ヴェルフェン *du* wirfst *er* wirft	動 (‥⁴ を) **投げる** <werfen-warf-geworfen> ◆ Er wirft den Ball gegen die Wand. 彼は壁に向かってボールを投げる。
☐ **lassen** ラッセン *du* lässt *er* lässt	動 **…させる** <lassen-ließ-gelassen(lassen)> ◆ Der Chef lässt mich lange warten. 上司が私を長いこと待たせる。

セクション 44

geboren
ゲボーレン

形 (…に) **生まれた**
- Ich bin in Yokohama geboren.
  私は横浜で生まれました。

wohl
ヴォール

副 **気分がよく；たぶん** (…だろう)
- Fühlst du dich nicht wohl?
  具合が悪いのかい？
- Lena kommt wohl nicht.
  レーナはたぶん来ないだろう。

böse
ベーゼ

形 **悪い；怒った**
- Sabine ist böse auf mich.
  ザビーネは私に腹を立てている。

blind
ブリント

形 **目の見えない**
- Sein linkes Auge ist blind.
  彼の左目は見えない。

hungrig
フングリヒ

形 **空腹の**
- Ich bin noch nicht hungrig.
  私はまだおなかがすいていない。
- ⇨ der **Hunger**　空腹

durstig
ドゥルスティヒ

形 **のどの渇いた**
- Ich bin jetzt sehr durstig.
  私は今とてものどが渇いている。
- ⇨ der **Durst**　のどの渇き

allein
アライン

形 **ひとりで**
- Hier wohne ich allein.

115

ここに私はひとりで住んでいる。

ledig
レーディヒ

形 **独身の**
- Julia ist immer noch ledig.
  ユーリアはいまだに独身だ。
- ⇔ verheiratet

verheiratet
フェアハイラーテット

形 **結婚した**
- Sie sind schon fünf Jahre verheiratet.
  彼らはもう結婚して5年になる。
- ⇔ ledig

arbeitslos
アルバイツロース

形 **失業中の**
- Mein Sohn ist schon lange arbeitslos.
  息子はもうずっと失業中だ。

berühmt
ベリュームト

形 **有名な**
- Ihr Vater ist ein berühmter Journalist.
  彼女のお父さんは有名なジャーナリストだ。

froh
フロー

形 **喜んだ**
- Wir sind froh, dass du wieder gesund bist.
  君がまた元気になって私たちはうれしい。

☐ **herzlich** ヘルツリヒ	形 **心のこもった** ◆ Wir begrüßen Sie herzlich. 私たちはあなたを心から歓迎します。
☐ **zufrieden** ツフリーデン	形 (mit...³ に) **満足した** ◆ Sie ist mit ihrer neuen Wohnung zufrieden. 彼女は新しい住居に満足している。
☐ **ernst** エルンスト	形 **まじめな** ◆ Er macht ein ernstes Gesicht. 彼は真剣な顔つきをする。
☐ **hässlich** ヘスリヒ	形 **醜い** ◆ Der Mann hat ein hässliches Gesicht. その男は醜い顔をしている。
☐ **hübsch** ヒュプシュ	形 **かわいい** ◆ Das Mädchen sieht sehr hübsch aus. その少女はとてもかわいく見える。
☐ **streng** シュトレング	形 **厳しい** ◆ Unser Lehrer ist sehr streng. 私たちの先生はとても厳しい。
☐ **blond** ブロント	形 **ブロンドの** ◆ Sara hat blondes Haar. ザーラは金髪をしている。

117

セクション 45

- **wunderbar**
  ヴンダーバール

  形 **すばらしい**
  ◆ Dieser Kuchen schmeckt wunderbar.
  このケーキはすばらしくおいしい。

- **prima**
  プリーマ

  形 **すばらしい**
  ◆ Das Werk finde ich prima.
  この作品はすばらしいと私は思います。

- **langweilig**
  ラングヴァイリヒ

  形 **退屈な**
  ◆ Der Film war langweilig.
  その映画はつまらなかった。

- **schade**
  シャーデ

  形 **残念な**
  ◆ Es ist schade, dass du nicht kommst.
  君が来ないのは残念だ。

- **schlimm**
  シュリム

  形 **悪い; ひどい**
  ◆ Die Nachricht ist doch nicht so schlimm.
  そのニュースはそれでもそんなに悪くはないよ。

- **toll**
  トル

  形 **すばらしい**
  ◆ Die Party war einfach toll.
  そのパーティーは実にすばらしかった。

☐ **bequem** ベクヴェーム	形 **快適な** ◆ Ich suche einen bequemen Sessel. 私は座り心地のよいアームチェアを探しています。
☐ **lieber** リーバー	副 （gern の比較級）**…のほうがよい** ◆ Ich möchte lieber Kaffee als Tee. 私は紅茶よりコーヒーのほうがいい。
☐ **egal** エガール	形 **どうでもよい** ◆ Mir ist das ganz egal. 私には全くどうでもかまわない。
☐ **möglich** メークリヒ	形 **可能な** ◆ Es ist mir nicht möglich, morgen zu kommen. 私はあした来ることはできません。 ⇔ **unmöglich**
☐ **unmöglich** ウンメークリヒ	形 **不可能な** ◆ Das ist technisch unmöglich. それは技術的に不可能だ。 ⇔ **möglich**
☐ **klar** クラール	形 **はっきりした；澄んだ** ◆ Die Ursache ist noch nicht klar. 原因はまだ明らかになっていない。 ◆ Alles klar? わかったかい?

独検 5級 4級 3級 展開 その他

119

sicher
ズィヒャー

形 確かな
- Das weiß ich aus sicherer Quelle.
  そのことを私は確かな出どころから知っている。

副 きっと
- Kommst du mit? —Aber sicher!
  君も一緒に来るかい？ —もちろんさ！

vielleicht
フィライヒト

副 ひょっとすると
- Der Lehrer weiß es vielleicht noch nicht.
  先生はそれをもしかしたらまだ知らないのかもしれない。

wahrscheinlich
ヴァールシャインリヒ

副 おそらく
- Er ist wahrscheinlich in seinem Büro.
  彼はたぶん自分のオフィスにいるだろう。

echt
エヒト

形 本物の
- Ist der Ring aus echtem Gold?
  その指輪は純金製ですか？

genau
ゲナオ

形 正確な
- Es ist jetzt genau fünf Uhr.
  今ちょうど5時だ。

wahr
ヴァール

形 真実の
- Ist es wahr, dass er krank ist?

彼が病気だというのは本当ですか？
⇔ **falsch**

□ **wirklich**
ヴィルクリヒ

副 **本当に**
◆ Das weiß ich wirklich nicht.
それを私は本当に知らない。

□ **hoffentlich**
ホッフェントリヒ

副 **…だといいのだが**
◆ Hoffentlich ist ihm nichts passiert.
彼の身に何事も起きていなければいいのだが。

□ **fast**
ファスト

副 **ほとんど**
◆ Fast jeden Tag geht sie einkaufen.
ほとんど毎日彼女は買い物に行く。

セクション 46

□ **nötig**
ネーティヒ

形 **必要な**
◆ Hast du das nötige Geld bei dir?
手もとに必要なお金はあるかい？

□ **nützlich**
ニュッツリヒ

形 **役に立つ**
◆ Die Information ist sehr nützlich.
その情報はとても役に立つ。

□ **einfach**
アインファッハ

形 **簡単な**
◆ Die Aufgabe ist ganz einfach.
この課題はまったく簡単だ。

schwierig
シュヴィーリヒ

形 **むずかしい**
- Du stellst mir immer schwierige Fragen.
君は私にいつもむずかしい質問をする。

bekannt
ベカント

形 **有名な**
- Ihre Mutter ist eine bekannte Schauspielerin.
彼女のお母さんは有名な女優です。

beliebt
ベリープト

形 **人気がある**
- In Japan ist Fußball jetzt sehr beliebt.
日本ではサッカーが今とても人気がある。

lieb
リープ

形 **愛する；親切な**
- Tim ist so lieb zu mir.
ティムは私にとても優しい。
- Ich habe dich lieb.
私は君が好きだ。

direkt
ディレクト

形 **直接の**
- Diese Straße führt direkt ins Zentrum.
この通りは直接都心に通じている。

fremd
フレムト

形 **よその；見知らぬ**
- Ich bin hier fremd.
私はここは不案内だ。

- **willkommen**
  ヴィル**コ**メン

  形 歓迎される
  - Du bist uns immer willkommen.
    うちでは君をいつでも歓迎するよ。
  - Herzlich willkommen!
    ようこそ!

- **einander**
  アイ**ナ**ンダー

  代 お互いに
  - Wir geben einander die Hand.
    私たちはお互いに握手を交わす。

- **miteinander**
  ミットアイ**ナ**ンダー

  副 一緒に; お互いに
  - Wir spielen oft miteinander.
    私たちはよく一緒に遊ぶ。

- **ähnlich**
  エーンリヒ

  形 似ている
  - Das Kind ist dem Vater ähnlich.
    その子は父親似です。

- **verschieden**
  フェア**シ**ーデン

  形 異なった; さまざまな
  - Die Gläser sind in der Form verschieden.
    それらのグラスは形がそれぞれ異なる。

- **anders**
  アンダース

  副 違ったふうに
  - Ich denke anders als er.
    私は彼とは考えが違う。

- **typisch**
  テューピシュ

  形 典型的な
  - Herr Ito ist ein typischer Japaner.

伊藤さんは典型的な日本人だ。

□ **original**
オリギナール

形 **本物の**: **オリジナルの**
- Das ist die original französische Zwiebelsuppe.
これが本物のフランスのオニオンスープです。

セクション 47

□ **breit**
ブライト

形 **幅の広い**
- Wie breit ist dieser Schrank?
このたんすはどのくらいの幅ですか?
⇔ schmal

□ **dick**
ディック

形 **厚い**: **太った**
- Du bist zu dick.
君は太りすぎだ。
⇔ dünn

□ **dünn**
デュン

形 **薄い**: **細い**
- Er nimmt ein dünnes Heft aus der Tasche.
彼はかばんから1冊の薄いノートを取り出す。
⇔ dick

□ **niedrig**
ニードリヒ

形 **低い**
- In diesem Sommer sind die Temperaturen zu niedrig.
今年の夏は気温が低すぎる。

⇔ **hoch**

☐ **weich**
ヴァイヒ

形 柔らかい
- Das Bett ist sehr weich.
そのベッドはとても柔らかい。
⇔ **hart**

☐ **hart**
ハルト

形 固い; 厳しい
＜hart-härter-härtest＞
- Das Brot ist sehr hart.
そのパンはとても固い。
⇔ **weich**

☐ **leer**
レーア

形 空(から)の
- Der Kühlschrank ist leer.
冷蔵庫は空っぽだ。
⇔ **voll**

☐ **voll**
フォル

形 いっぱいの
- Der Bus ist fast voll.
バスはほぼ満員です。
⇔ **leer**

☐ **offen**
オッフェン

形 開いた
- Ist das Restaurant heute offen?
そのレストランはきょうは開いていますか?

☐ **sauber**
ザオバー

形 清潔な
- Du musst dein Zimmer sauber halten.

君は自分の部屋をきれいにしておかないといけないよ。
⇔ **schmutzig**

☐ **schmutzig**
シュムッツィヒ

形 **よごれた**
◆ Die Schuhe sind schon wieder schmutzig.
靴がまたしてもよごれている。
⇔ **sauber**

☐ **sauer**
ザオアー

形 **すっぱい**
＜sauer-saurer-sauerst＞
◆ Der Wein schmeckt ziemlich sauer.
このワインはかなりすっぱい。

☐ **still**
シュティル

形 **静かな**
◆ Im Saal ist es ganz still.
ホールの中はしーんと静まり返っている。

☐ **ruhig**
ルーイヒ

形 **静かな: 落ち着いた**
◆ Seien Sie ruhig, bitte!
どうぞお静かに。

☐ **los**
ロース

形 **生じた: 取れた**
◆ Was ist denn los?
いったい何が起きたんだい?
◆ Der Knopf ist los.
ボタンが取れた。

□ **radioaktiv**
ラディオアクティーフ

形 **放射性の**
◆ Der Stoff ist radioaktiv.
この物質には放射能がある。

□ **best**
ベスト

形 (gutの最上級) **最もよい**
◆ Bastian ist der beste Spieler in der Mannschaft.
バスチアンはチームで最高のプレーヤーだ。

□ **kühl**
キュール

形 **涼しい**
◆ Am Abend wird es kühl.
夕方には涼しくなる。
⇔ **warm**

□ **nass**
ナス

形 **ぬれた**
＜nass-nasser(nässer)-nassest(nässest)＞
◆ Die Straßen sind nass vom Regen.
道路が雨でぬれている。
⇔ **trocken**

□ **trocken**
トロッケン

形 **乾いた**
◆ Die Haare sind noch nicht trocken.
髪の毛はまだ乾いていない。
⇔ **nass**

セクション 48

□ **oben**
オーベン

副 **上に**
◆ Ich wohne oben.

私は上の階に住んでいる。
⇔ **unten**

☐ **unten**
ウンテン

副 下に
- Das Buch liegt unten im Regal.
その本は本棚の下のほうにある。

⇔ **oben**

☐ **link**
リンク

形 左の
- Andreas steckt die linke Hand in die Tasche.
アンドレーアスは左手をポケットに突っ込む。

⇔ **recht**

☐ **recht**
レヒト

形 右の；正しい
- Klaus hat sich die rechte Hand verletzt.
クラウスは右手をけがした。
- Du hast ganz recht.
まったく君の言うとおりだ。

⇔ **link**

☐ **vorn**
フォルン

副 前に
- Der Wind kommt von vorn.
風は前から吹いてきた。

☐ **geradeaus**
ゲラーデアオス

副 まっすぐに
- Gehen Sie hier geradeaus!
ここをまっすぐ行ってください。

☐ **nahe** ナーエ	形 近い <nahe-näher-nächst> ◆ Er wohnt nahe beim Bahnhof. 彼は駅の近くに住んでいる。 ⇔ **fern**; **weit**
☐ **fern** フェルン	形 遠い ◆ Ich wohne fern von hier. 私はここから遠い所に住んでいる。 ⇔ **nahe**
☐ **tief** ティーフ	形 深い ◆ Der Brunnen ist sehr tief. この泉はとても深い。
☐ **draußen** ドラオセン	副 外で ◆ Wollen wir nach draußen gehen? 外へ行きませんか？ ⇔ **drinnen**
☐ **drinnen** ドリンネン	副 中で ◆ Er wartet schon drinnen im Zimmer. 彼はもう中の部屋で待っていますよ。 ⇔ **draußen**
☐ **überall** ユーバーアル	副 至る所で ◆ Der Sänger ist überall beliebt. その歌手はどこでも人気がある。

☐ **her** ヘーア	副 **こちらへ** ◆ Komm her! こっちへ来い。 ◆ hin und her　あちこち ⇔ **hin**
☐ **hin** ヒン	副 **あちらへ** ◆ Wo willst du hin? どこへ行くつもりなの? ◆ hin und zurück　往復 ⇔ **her**
☐ **dabei** ダバイ	副 **その場に; その時に** ◆ Wir waren auch dabei. 私たちもその場にいました。
☐ **darauf** ダラオフ	副 **その上に** ◆ Setzen Sie sich darauf! その上に座ってください。
☐ **vorbei** フォーアバイ	副 **通り過ぎて; (時間が) 過ぎ去って** ◆ Sind wir schon an Köln vorbei? もうケルンを通り過ぎましたか?

セクション **49**

CD❷ 07

☐ **morgens** モルゲンス	副 **朝に; 毎朝** ◆ Der Doktor kommt um 9 Uhr morgens. ドクターは朝9時にやって来る。 ⇔ **abends**

☐ **vormittags** フォーアミッタークス	副 午前（中）に ◆ Das Museum ist vormittags geschlossen. 博物館は午前中は閉まっています。
☐ **mittags** ミッタークス	副 お昼に ◆ Mittags spielen sie Schach. お昼に彼らはチェスをする。
☐ **nachmittags** ナーハミッタークス	副 午後に ◆ Nachmittags bleibe ich nicht zu Hause. 午後は私は家にいません。
☐ **abends** アーベンツ	副 夕方に; 晩に; 毎晩 ◆ Abends macht er einen Spaziergang. 夕方に彼は散歩をする。 ⇔ morgens
☐ **nachts** ナハツ	副 夜に ◆ Der Vater kommt spät nachts nach Hause. 父親は夜遅く帰宅する。
☐ **früher** フリューアー	副 以前は ◆ Er wohnte früher in München. 彼は以前はミュンヘンに住んでいた。
☐ **diesmal** ディースマール	副 今回は ◆ Vielleicht hast du diesmal Glück.

ひょっとすると君は今回はうまくいくかも。

damals
ダーマールス

副 **当時は**
- Damals war ich noch jung.
  当時私はまだ若かった。

sofort
ゾフォルト

副 **すぐに**
- Ich muss sofort nach Hause gehen.
  私はすぐに家に帰らなくてはならない。

zuerst
ツエーアスト

副 **最初に**
- Wohin gehen wir zuerst?
  まずどこに行こうか？
- ⇔ **zuletzt**

endlich
エントリヒ

副 **ついに**
- Endlich hat sie das Examen bestanden.
  やっと彼女は試験に合格した。

schließlich
シュリースリヒ

副 **最後に; 結局**
- Schließlich fanden wir die richtige Lösung.
  ついに私たちは正解を見つけた。

plötzlich
プレッツリヒ

形 **突然の**
- Plötzlich klingelte das Telefon.
  突然電話が鳴った。

☐ **lange** ランゲ	副 **長い間** <lange-länger-am längsten> ◆ Die Sitzung dauert sehr lange. 会議はとても長い間続いている。
☐ **eben** エーベン	副 **たった今** ◆ Der Bus ist eben abgefahren. バスはちょうど出たところだ。
☐ **nun** ヌーン	副 **今；さて** ◆ Von nun an sind wir Freunde. 今から私たちは友達だ。
☐ **vorher** フォーアヘーア	副 **それ以前に；あらかじめ** ◆ Warum hast du mir das nicht vorher gesagt? なぜ君は私にそのことをあらかじめ言わなかったのか？
☐ **pünktlich** ピュンクトリヒ	形 **時間どおりの** ◆ Der Zug ist pünktlich angekommen. 列車は時間どおりに到着した。
☐ **täglich** テークリヒ	形 **毎日の** ◆ Ich mache täglich einen Spaziergang. 私は毎日散歩をします。
☐ **monatlich** モーナトリヒ	形 **毎月の** ◆ Wir gehen einmal monatlich ins

Theater.
私たちは毎月1回観劇に行く。

セクション 50

manchmal
マンヒマール

副 ときどき

- Meine Eltern streiten sich manchmal.
  私の両親はときどきけんかすることもある。

etwa
エトヴァ

副 およそ

- Er ist etwa 20 Jahre alt.
  彼はだいたい20歳くらいだ。

sogar
ゾガール

副 …でさえ；それどころか

- Sie arbeitet sogar in Urlaub.
  彼女は休暇中でさえ仕事をする。

ungefähr
ウンゲフェーア

副 およそ

- Ich komme ungefähr um 11 Uhr.
  私はだいたい11時ごろに来ます。

besonders
ベゾンダース

副 特に

- Dieses Bild ist besonders schön.
  その絵は特に美しい。

vollkommen
フォルコメン

形 完全な

- Du hast vollkommen recht.
  まったく君の言うとおりだ。

☐ **ziemlich** ツィームリヒ	副 **かなり** ◆ Jan ist ziemlich groß. ヤンはかなり大きい。
☐ **überhaupt** ユーバーハオプト	副 (nicht や kein とともに) **全然** (…ない); (疑問文で) **いったい**; **そもそも** ◆ Ich habe überhaupt keine Zeit. 私には時間がまったくない。 ◆ Kannst du überhaupt Auto fahren? 君はそもそも車を運転できるのかい?
☐ **weiter** ヴァイター	形 (weit の比較級) **より広い**; **これ以上の** ◆ Haben Sie noch weitere Fragen? まだほかに質問がありますか? ◆ und so weiter　など; 等々
☐ **kaum** カォム	副 **ほとんど…ない** ◆ Ich konnte kaum schlafen. 私はほとんど眠れなかった。
☐ **besonder** ベゾンダー	形 **特別な** ◆ Haben Sie sonst einen besonderen Wunsch? ほかに特別なご希望がありますか?
☐ **darum** ダルム	副 **そのまわりに**; **そのために** ◆ Mein Onkel wohnt in einem Haus mit einem Garten darum.

私のおじさんは庭に囲まれた家に住んでいます。
- ◆ Seine Mutter ist krank. Darum kann er nicht kommen.
  彼のお母さんは病気です。そのために彼は来られないのです。

☐ deshalb
デスハルプ

副 **だから**
- ◆ Das Wetter ist schlecht, deshalb bleiben wir zu Hause.
  天気が悪い、だから私たちは家にいる。

☐ doppelt
ドッペルト

形 **2倍（2重）の**
- ◆ Er ist doppelt so schwer wie ich.
  彼は私の2倍の体重だ。

☐ einzig
アインツィヒ

形 **ただ一つの**
- ◆ Die Frau sagt kein einziges Wort.
  その女性は一言もしゃべらない。

☐ paar
パール

代 （ein paarの形で）**二・三の**
- ◆ In ein paar Tagen werden Sie wieder gesund.
  数日たてばあなたはまた健康になるでしょう。

☐ bisschen
ビスヒェン

代 （ein bisschenの形で）**少しの**
- ◆ Ich habe ein bisschen Hunger.
  私は少しおなかがすきました。

☐ **einige** アイニゲ	代 **いくつかの** ◆ Einige Leute sind schon da. 何人かの人たちはもう来ています。
☐ **insgesamt** インスゲザムト	副 **全部で** ◆ Das macht insgesamt 23 Euro. 全部で23ユーロになります。
☐ **mehrere** メーレレ	代 **いくつかの** ◆ Wir müssen noch mehrere Stunden warten. 私たちはまだ数時間待たなくてはならない。
☐ **außerdem** アオサーデーム	副 **その上** ◆ Ich habe Fieber und außerdem auch Kopfschmerzen. 私は熱があり、その上に頭痛もします。
☐ **eigentlich** アイゲントリヒ	副 **ほんとうは** ◆ Er heißt eigentlich Meyer. 彼の本名はマイヤーです。 形 **本来の** ◆ Die eigentliche Bedeutung des Wortes ist anders. その語の本来の意味は違います。
☐ **nämlich** ネームリヒ	副 **つまり；というのは** ◆ Barbara versteht ihn nicht. Sie kann nämlich wenig Englisch.

バルバラは彼の言うことがわからない。というのは彼女は英語がほとんどできないからだ。

☐ **niemals**
ニーマールス

副 **決して…ない**
- Das werde ich niemals tun.
  そんなことを私は決してしないつもりです。

☐ **gar**
ガール

副 （nicht, kein などとともに）
まったく（…ない）
- Meine Mutter hat gar kein Interesse an Musik.
  私の母は音楽にはまったく興味がない。

☐ **unbedingt**
ウンベディングト

副 **絶対に**
- Du musst unbedingt zum Arzt gehen.
  君は絶対に医者へ行かなきゃだめだ。

セクション 51

CD❷ 09

☐ **ach**
アッハ

間 **ああ**
- Ach so!
  ああ、そうか!

☐ **hallo**
ハロ

間 **おーい; やぁ**
- Hallo, Lukas! Wie geht's?
  やぁ、ルーカス! 元気かい?

☐ **übrigens** ユーブリゲンス	副 **ところで** ◆ Übrigens, weißt du ihre E-Mail-Adresse? ところで、彼女のメールアドレスを知っているかい?
☐ **zwar** ツヴァール	副（aber, doch とともに） **たしかに…だが** ◆ Er ist zwar jung, aber tüchtig. 彼はたしかに若いが、有能だ。 ◆ und zwar　しかも
☐ **bevor** ベフォーア	接 **…する前に** ◆ Bevor ich frühstücke, gehe ich im Park spazieren. 朝食を食べる前に、私は公園を散歩します。 ⇔ **nachdem**
☐ **nachdem** ナーハデーム	接 **…した後で** ◆ Ich komme zu dir, nachdem ich gegessen habe. 食事をした後で、君のところへ行くよ。 ⇔ **bevor**
☐ **obwohl** オプヴォール	接 **…にもかかわらず** ◆ Er geht ins Büro, obwohl er Fieber hat. 彼は熱があるのに、オフィスへ出かける。

☐ **weder** ヴェーダー	接 (weder... noch... の形で) **…でも…でもない** ◆ Er kann weder Deutsch noch Englisch. 彼はドイツ語も英語もできない。
☐ **entweder** エントヴェーダー	接 (entweder... oder... の形で) **…かまたは…か** ◆ Entweder kommt mein Vater oder mein Bruder. 私の父かまたは兄が行きます。
☐ **damit** ダミット	接 **…するために** ◆ Ich sage es dir noch einmal, damit du es nicht vergisst. 君が忘れないように、もう一度言おう。
☐ **außerhalb** アオサーハルプ	前 ..² **の外に** ◆ Meine Eltern wohnen außerhalb der Stadt. 私の両親は町の郊外に住んでいます。 ⇔ **innerhalb**
☐ **innerhalb** イナーハルプ	前 ..² **の中に** ◆ Er wohnt innerhalb der Stadt. 彼は町中に住んでいます。 ⇔ **außerhalb**
☐ **statt** シュタット	前 ..² **の代わりに** ◆ Statt seiner Mutter kam seine

Schwester.
彼のお母さんの代わりにお姉さんが来た。

☐ trotz
トロッツ

前 ··² **にもかかわらず**
◆ Trotz des Regens spielen wir Fußball.
雨にもかかわらず私たちはサッカーをする。

☐ während
ヴェーレント

前 ··² **のあいだ**（時間）
◆ Während des Unterrichts schläft Hanna oft.
授業中にハナはよく眠っている。

☐ ab
アップ

前 ··³ **から**
◆ Ab heute muss ich wieder arbeiten.
今日から私はまた仕事をしなければならない。

☐ außer
アオサー

前 ··³ **以外に**
◆ Ich esse alles außer Fisch.
私は魚以外なら何でも食べます。

☐ entlang
エントラング

前 ··³ **に沿って**
◆ Entlang der Straße parken viele Autos.
通りに沿ってたくさんの車が駐車している。

- **gegenüber**
  ゲーゲンユーバー

  前 …³ **の向かい側に**（しばしば後置）
  - Gegenüber der Kirche（Der Kirche gegenüber）steht das Rathaus.
    教会の向かいに市役所があります。

- **pro**
  プロ

  前 …⁴ **につき**
  - Wir bezahlen 2 Euro pro Kopf.
    私たちは一人当たり 2 ユーロ支払います。

- **neben**
  ネーベン

  前 …³ **の横に**; …⁴ **の横へ**
  - Neben dem Museum ist die Bibliothek.
    美術館の横に図書館はあります。
  - Lukas stellt den Stuhl neben mich.
    ルーカスはいすを私の横へ置く。

3級 仕上げ編

- 名詞 —— 144ページ
- 170ページ —— 動詞
- その他 —— 198ページ

セクション 52

☐ das **Publikum** プーブリクム	中 観客
☐ der **Nachbar** ナッハバール	男 隣近所の人 [複 〜n] 女 die **Nachbarin**
☐ der **Absender** アップゼンダー	男 差出人 [複 〜] 女 die **Absenderin** ⇔ der **Empfänger**
☐ der **Empfänger** エンプフェンガー	男 受取人 [複 〜] 女 die **Empfängerin** ⇔ der **Absender**
☐ der **Fußgänger** フースゲンガー	男 歩行者 [複 〜] 女 die **Fußgängerin**
☐ der/die **Fremde** フレムデ	男女（形容詞変化）見知らぬ人; 外国人
☐ der **Europäer** オイロペーア	男 ヨーロッパ人 [複 〜] 女 die **Europäerin**
☐ der **Raucher** ラオハー	男 喫煙者 [複 〜] 女 die **Raucherin**
☐ der **Patient** パツィエント	男 患者 [複 〜en] 女 die **Patientin**
☐ der **Dieb** ディープ	男 どろぼう [複 〜e] 女 die **Diebin**

☐ der **Räuber** ロイバー	男 強盗 [複 〜] 女 die **Räuberin**	
☐ der **Riese** リーゼ	男 巨人 [複 〜n] 女 die **Riesin**	
☐ die **Geschwister** ゲシュヴィスター	複 (男女を含めて) きょうだい	
☐ der **Neffe** ネッフェ	男 甥(おい) [複 〜n] ⇔ die **Nichte**	
☐ die **Nichte** ニヒテ	女 姪(めい) [複 〜n] ⇔ der **Neffe**	
☐ der/die **Verwandte** フェアヴァンテ	男女 (形容詞変化) 親戚	

セクション 53

☐ der **Kaufmann** カオフマン	男 商人 [複 -leute] 女 die **Kauffrau**
☐ der **Zahnarzt** ツァーンアールツト	男 歯医者 [複 -ärzte] 女 die **Zahnärztin**
☐ der **Anwalt** アンヴァルト	男 弁護士 [複 Anwälte] 女 die **Anwältin**
☐ der **Richter** リヒター	男 裁判官 [複 〜] 女 die **Richterin**
☐ der **Jurist** ユリスト	男 法律家 [複 〜en] 女 die **Juristin**

☐ der **Doktor** ドクトーア	男 博士 [複 〜en] 女 die **Doktorin**
☐ der **Journalist** ジュルナリスト	男 ジャーナリスト [複 〜en] 女 die **Journalistin**
☐ der **Friseur** フリゼーア	男 美容師; 理髪師 [複 〜e] 女 die **Friseurin**
☐ der **Krankenpfleger** クランケンプフレーガー	男 看護師 [複 〜] 女 die **Krankenpflegerin**
☐ der **Soldat** ゾルダート	男 兵士 [複 〜en] 女 die **Soldatin**
☐ der **Meister** マイスター	男 マイスター; 名人 [複 〜] 女 die **Meisterin**
☐ der **Astronaut** アストロナオト	男 宇宙飛行士 [複 〜en] 女 die **Astronautin**
☐ der **Musiker** ムーズィカー	男 音楽家 [複 〜] 女 die **Musikerin**
☐ der **Sänger** ゼンガー	男 歌手 [複 〜] 女 die **Sängerin**
☐ der **Maler** マーラー	男 画家 [複 〜] 女 die **Malerin**

☐ der **Schauspieler** シャオシュピーラー	男 **俳優** [複〜] 女 die **Schauspielerin**
☐ der **Philosoph** フィロゾーフ	男 **哲学者** [複〜en] 女 die **Philosophin**
☐ der **Dichter** ディヒター	男 **詩人**; **作家** [複〜] 女 die **Dichterin** ⇨ das **Gedicht** 詩
☐ der **Schriftsteller** シュリフトシュテラー	男 **作家** [複〜] 女 die **Schriftstellerin**
☐ der **Kanzler** カンツラー	男 （ドイツなどの）**首相** [複〜] 女 die **Kanzlerin**
☐ der **Minister** ミニスター	男 **大臣** [複〜] 女 die **Ministerin**
☐ der **Kaiser** カイザー	男 **皇帝** [複〜] 女 die **Kaiserin**
☐ der **König** ケーニヒ	男 **王** [複〜e] ⇔ die **Königin**
☐ die **Königin** ケーニギン	女 **女王** [複〜nen] ⇔ der **König**
☐ der **Prinz** プリンツ	男 **王子** [複〜en] ⇔ die **Prinzessin**

☐	die **Prinzessin** プリンツェッスィン	女 王女 [複 〜nen] ⇔ der **Prinz**

セクション 54　　　　　　　　　　　　CD❷ 13

☐	die **Brust** ブルスト	女 胸; 乳房 [複 Brüste]
☐	der **Magen** マーゲン	男 胃 [複 Mägen]
☐	das **Knie** クニー	中 ひざ [複 〜]
☐	die **Zunge** ツンゲ	女 舌 [複 〜n]
☐	der **Knochen** クノッヘン	男 骨 [複 〜]
☐	der **Atem** アーテム	男 息 ⇨ **atmen** 呼吸する
☐	die **Träne** トレーネ	女 涙 [複 〜n]
☐	der **Schatten** シャッテン	男 影 [複 〜]
☐	die **Medizin** メディツィーン	女 医学; 薬 [複 〜en]
☐	das **Medikament** メディカメント	中 薬 [複 〜e]
☐	das **Rezept** レツェプト	中 処方箋(せん) [複 〜e]
☐	die **Tablette** タブレッテ	女 錠剤 [複 〜n]
☐	die **Operation** オペラツィオーン	女 手術 [複 〜en]

☐ die **Grippe** グリッペ	囡 **インフルエンザ** [複 〜n]
☐ die **Erkältung** エアケルトゥング	囡 **風邪** [複 〜en]
☐ der **Tod** トート	男 **死** [複 〜e] ⇔ das **Leben**

セクション 55

☐ die **Seele** ゼーレ	囡 **心**; **魂** [複 〜n]
☐ das **Gefühl** ゲフュール	中 **感情**; **気持ち** [複 〜e]
☐ der **Geist** ガイスト	男 **精神**
☐ der **Gedanke** ゲダンケ	男 **考え**; **思想** [複 〜n]
☐ die **Ahnung** アーヌング	囡 **予感** [複 〜en]
☐ die **Erinnerung** エアイネルング	囡 **記憶**; **思い出** [複 〜en]
☐ die **Erfahrung** エアファールング	囡 **経験** [複 〜en]
☐ der **Wille** ヴィレ	男 **意志**
☐ die **Absicht** アップズィヒト	囡 **意図** [複 〜en]
☐ die **Erlaubnis** エアラオプニス	囡 **許可** [複 〜se]
☐ das **Interesse** インテレッセ	中 **興味**; **関心** ⇨ **sich**^{4} **interessieren** 興味がある

☐	der **Ruhm** ルーム	男 名声
☐	der **Mut** ムート	男 勇気
☐	der **Charakter** カラクター	男 性格 [複 ～e]
☐	die **Laune** ラオネ	女 機嫌
☐	der **Geschmack** ゲシュマック	男 味; 味覚; センス [複 Geschmäcke]
☐	die **Ruhe** ルーエ	女 静けさ; 落ち着き
☐	der **Trost** トロースト	男 慰め
☐	der **Zweifel** ツヴァイフェル	男 疑い [複 ～] ⇨ **zweifeln** 疑う
☐	die **Not** ノート	女 困窮; 苦境
☐	der **Scherz** シェルツ	男 ジョーク [複 ～e]
☐	der **Witz** ヴィッツ	男 ジョーク; ウィット [複 ～e]
☐	das **Vergnügen** フェアグニューゲン	中 楽しみ ◆Viel Vergnügen! (遊びに出かける人に)楽しんでいらっしゃい!

セクション 56

☐	das **Dach** ダッハ	中 屋根 [複 Dächer]

☐	die **Garage** ガラージェ	囡 ガレージ [複 〜n]
☐	das **Erdgeschoss** エーアトゲショス	中 1階 [複 〜e]
☐	das **Esszimmer** エスツィマー	中 ダイニングルーム [複 〜]
☐	die **Dusche** ドゥーシェ	囡 シャワー [複 〜n] ⇨ duschen シャワーを浴びる
☐	die **Stufe** シュトゥーフェ	囡 (階段の)段; 段階 [複 〜n]
☐	der **Flur** フルーア	男 廊下; 玄関; 床(ゆか) [複 〜e]
☐	das **Gebäude** ゲボイデ	中 建物 [複 〜]
☐	die **Miete** ミーテ	囡 家賃 [複 〜n]
☐	die **Möbel** メーベル	複 家具
☐	der **Sessel** ゼッセル	男 アームチェア [複 〜]
☐	das **Regal** レガール	中 棚 [複 〜e]
☐	der **Kühlschrank** キュールシュランク	男 冷蔵庫 [複 -schränke]
☐	die **Waschmaschine** ヴァッシュマシーネ	囡 洗濯機 [複 〜n]
☐	die **Heizung** ハイツング	囡 暖房装置 [複 〜en]
☐	die **Decke** デッケ	囡 覆い; カバー; 天井 [複 〜n]

□ der **Staubsauger** シュタオプザオガー	男 掃除機 [複 〜]
□ der **Wecker** ヴェッカー	男 目覚まし時計 [複 〜] ⇨ **wecken** 起こす
□ die **Puppe** プッペ	女 人形 [複 〜n]
□ die **Schere** シェーレ	女 はさみ [複 〜n]
□ die **Zeitschrift** ツァイトシュリフト	女 雑誌 [複 〜en]
□ das **Netz** ネッツ	中 網: ネット [複 〜e]
□ der **Stadtplan** シュタットプラーン	男 市街地図 [複 -pläne]

セクション 57   CD❷ 16

□ das **Postamt** ポストアムト	中 郵便局 [複 -ämter]
□ das **Gericht** ゲリヒト	中 裁判所: 裁判: 料理 [複 〜e]
□ das **Gasthaus** ガストハオス	中 (レストランを兼ねた)旅館 [複 -häuser]
□ die **Burg** ブルク	女 城 [複 〜en]
□ die **Allee** アレー	女 並木道 [複 〜n]
□ die **Kreuzung** クロイツング	女 交差点 [複 〜en]
□ die **Ampel** アンペル	女 信号機 [複 〜n]

□ das **Gleis** グライス	中 (駅の) …番線; レール [複 〜e]
□ das **Schild** シルト	中 看板 [複 〜er]
□ der **Hafen** ハーフェン	男 港 [複 Häfen] ◆der **Flughafen** 空港
□ die **Hauptstraße** ハオプトシュトラーセ	女 メインストリート [複 〜n]
□ die **Vorstadt** フォーアシュタット	女 郊外 [複 -städte]
□ der **Geburtsort** ゲブーアツオルト	男 出生地 [複 〜e]
□ die **Sehenswürdigkeit** ゼーエンスヴュルディヒカイト	女 名所 [複 〜en]
□ die **Mauer** マオアー	女 壁 [複 〜n]
□ die **Grenze** グレンツェ	女 境界; 国境; 限界 [複 〜n]
□ das **Zentrum** ツェントルム	中 中心; センター [複 Zentren]
□ die **Quittung** クヴィットゥング	女 領収書; レシート [複 〜en]
□ die **Kreditkarte** クレディートカルテ	女 クレジットカード [複 〜n]
□ die **Unterschrift** ウンターシュリフト	女 サイン [複 〜en] ⇨**unterschreiben** サインする
□ das **Konto** コント	中 口座 [複 Konten]

☐ die **Luftpost** ルフトポスト	女 航空便
☐ der **Mangel** マンゲル	男 不足
☐ die **Tüte** テューテ	女 (紙やビニールの) 袋 [複 〜n]

セクション 58 CD❷ 17

☐ die **Lebensmittel** レーベンスミッテル	複 食料品
☐ das **Brötchen** ブレートヒェン	中 ブレートヒェン (小型の丸いパン) [複 〜] ⇨ das **Brot** パン
☐ der **Schinken** シンケン	男 ハム [複 〜]
☐ der **Kohl** コール	男 キャベツ
☐ der **Pilz** ピルツ	男 キノコ [複 〜e]
☐ die **Traube** トラオベ	女 ブドウ [複 〜n]
☐ der **Kern** ケルン	男 種(たね); 核 [複 〜e]
☐ der **Saft** ザフト	男 ジュース [複 Säfte]
☐ die **Marmelade** マルメラーデ	女 ジャム [複 〜n]
☐ der/das **Bonbon** ボンボン	男 中 キャンディー [複 〜s]
☐ das **Öl** エール	中 油; 石油

☐ der **Essig** エッスィヒ	男 酢	
☐ die **Soße** ゾーセ	女 ソース [複 〜n]	
☐ der **Nachtisch** ナーハティッシュ	男 デザート	
☐ die **Bedienung** ベディーヌング	女 サービス; 給仕	
☐ die **Speisekarte** シュパイゼカルテ	女 メニュー [複 〜n]	
☐ das **Menü** メニュー	中 コース料理; 定食 [複 〜s]	
☐ der **Müll** ミュル	男 ごみ	

セクション 59

☐ der **Pullover** プローヴァー	男 セーター [複 〜]
☐ der **Regenmantel** レーゲンマンテル	男 レインコート [複 -mäntel]
☐ das **T-Shirt** ティーシャート	中 Tシャツ [複 〜s]
☐ der **Strumpf** シュトルンプフ	男 ストッキング [複 Strümpfe]
☐ die **Socken** ゾッケン	複 ソックス
☐ der **Knopf** クノプフ	男 ボタン [複 Knöpfe]
☐ das **Band** バント	中 リボン; テープ [複 Bänder]
☐ der **Band** バント	男 (本の) 巻 [複 Bände]

☐	das **Portemonnaie** ポルトモネー	中 **財布** [複 〜s]
☐	der **Schmuck** シュムック	男 **アクセサリー**
☐	der **Ring** リング	男 **指輪; 輪** [複 〜e]
☐	der **Stiefel** シュティーフェル	男 **ブーツ** [複 〜]
☐	die **Mode** モーデ	女 **流行** [複 〜n]
☐	das **Schauspiel** シャオシュピール	中 **演劇** ⇨der **Schauspieler** 俳優
☐	die **Oper** オーパー	女 **オペラ; オペラハウス** [複 〜n]
☐	der **Jazz** ジェス	男 **ジャズ**
☐	das **Programm** プログラム	中 **プログラム** [複 〜e]
☐	das **Schach** シャッハ	中 **チェス**
☐	die **Feier** ファイアー	女 **祝典** [複 〜n] ◆der **Feiertag** 祝日 ⇨**feiern** 祝う
☐	die **Einladung** アインラードゥング	女 **招待** [複 〜en] ⇨**ein|laden** 招待する
☐	das **Wochenende** ヴォッヘンエンデ	中 **週末** [複 〜n]

☐ der **Feiertag** ファイアーターク	男 祝日 [複 〜e]	

セクション 60

☐ die **Industrie** インドゥストリー	女 産業; 工業
☐ die **Landwirtschaft** ラントヴィルトシャフト	女 農業
☐ das **Gehalt** ゲハルト	中 給料 [複 Gehälter]
☐ der **Gehalt** ゲハルト	男 (作品などの) 内容 [複 〜e]
☐ der **Inhalt** インハルト	男 中身; 内容 [複 〜e]
☐ der **Schaden** シャーデン	男 損害 [複 Schäden] ⇨ **schade** 残念な
☐ die **Sitzung** ズィッツング	女 会議 [複 〜en]
☐ die **Information** インフォルマツィオーン	女 情報 [複 〜en]
☐ die **Auskunft** アオスクンフト	女 情報; 案内所 [複 -künfte]
☐ die **Anzeige** アンツァイゲ	女 広告 [複 〜n]
☐ die **Anmeldung** アンメルドゥング	女 届け出 [複 〜en]
☐ das **Datum** ダートゥム	中 日付 [複 Daten]
☐ das **Formular** フォルムラール	中 届け出(申込)用紙 [複 〜e]

☐	die **Liste**　リステ	囡 リスト [複〜n]
☐	die **Angabe**　アンガーベ	囡 申し立て; 報告 [複〜n]
☐	die **Waffe**　ヴァッフェ	囡 武器 [複〜n]
☐	das **Kraftwerk**　クラフトヴェルク	回 発電所 [複〜e]

セクション 61

☐	die **Erziehung**　エアツィーウング	囡 教育
☐	das **Institut**　インスティトゥート	回 研究所 [複〜e]
☐	der **Kindergarten**　キンダーガルテン	男 幼稚園 [複 -gärten]
☐	die **Grundschule**　グルントシューレ	囡 基礎学校（4年制小学校）[複〜n]
☐	das **Studentenheim**　シュトゥデンテンハイム	回 学生寮 [複〜e]
☐	die **Mensa**　メンザ	囡 学生食堂 [複〜s, Mensen]
☐	die **Wissenschaft**　ヴィッセンシャフト	囡 学問; 科学 [複〜en]
☐	das **Fach**　ファッハ	回 専門 [複 Fächer]
☐	(die) **Jura**　ユーラ	複 法律学
☐	die **Physik**　フュズィーク	囡 物理学
☐	die **Technik**　テヒニク	囡 科学技術; 技術 [複〜en]

☐	die **Technologie** テヒノロギー	女 テクノロジー [複 〜n]
☐	die **Forschung** フォルシュング	女 研究 [複 〜en]
☐	das **Studium** シュトゥーディウム	中 大学での勉強 [複 Studien]
☐	die **Vorlesung** フォーアレーズング	女 (大学の) 講義 [複 〜en]
☐	das **Examen** エクサーメン	中 試験 [複 〜] ⇨ die **Prüfung** 試験
☐	das **Abitur** アビトゥーア	中 アビトゥーア (高校卒業試験)
☐	der **Aufsatz** アオフザッツ	男 レポート; 作文 [複 Aufsätze]
☐	der **Kurs** クルス	男 講習; コース [複 〜e]
☐	die **Rechnung** レヒヌング	女 勘定書; 計算 [複 〜en]
☐	der **Satz** ザッツ	男 文 [複 Sätze]
☐	die **Zeile** ツァイレ	女 行 [複 〜n]
☐	das **Zeichen** ツァイヒェン	中 記号; しるし; 合図 [複 〜]
☐	das **Zeugnis** ツォイクニス	中 証明書; 成績表 [複 〜se]
☐	die **Weise** ヴァイゼ	女 やり方; 方法 [複 〜n]
☐	der **Prozess** プロツェス	男 プロセス; 訴訟 [複 〜e]

☐ der **Erfolg** エアフォルク	男 成功; 成果 [複 〜e]
☐ der **Vorteil** フォルタイル	男 利点; 長所 [複 〜e]

セクション 62

☐ die **Idee** イデー	女 アイディア; 考え [複 〜n]
☐ der **Begriff** ベグリフ	男 概念 [複 〜e] ◆ im Begriff sein (zu 不定詞[句]と) ちょうど…しようとしている
☐ der **Ausdruck** アオスドルック	男 表現 [複 -drücke]
☐ der **Sinn** ズィン	男 意味; 感覚 [複 〜e]
☐ die **Lösung** レーズング	女 解決 [複 〜en]
☐ der **Schluss** シュルス	男 終わり ⇨ schließen 閉める
☐ die **Ursache** ウーアザッヘ	女 原因 [複 〜n]
☐ der **Fall** ファル	男 場合; 事件 [複 Fälle]
☐ die **Tatsache** タートザッヘ	女 事実 [複 〜n]
☐ die **Wirklichkeit** ヴィルクリヒカイト	女 現実 ◆ in Wirklichkeit 実際は
☐ die **Wahrheit** ヴァールハイト	女 真実 [複 〜en]

☐	das **Wesen**　ヴェーゼン	中 **本質**
☐	das **Symbol**　ズュンボール	中 **シンボル** [複 ～e]
☐	das **Ziel**　ツィール	中 **目標**; **ゴール** [複 ～e]
☐	der **Zweck**　ツヴェック	男 **目的** [複 ～e]
☐	die **Rolle**　ロレ	女 **役割** [複 ～n] ◆ eine Rolle spielen 役割を果たす; 重要である
☐	das **Alter**　アルター	中 **年齢**; **老齢**

セクション **63**

☐	die **Schrift**　シュリフト	女 **文字** [複 ～en]
☐	die **Aussage**　アオスザーゲ	女 **発言** [複 ～n]
☐	die **Unterhaltung**　ウンターハルトゥング	女 (楽しい)**おしゃべり** [複 ～en]
☐	der **Vorschlag**　フォーアシュラーク	男 **提案** [複 Vorschläge]
☐	die **Erzählung**　エアツェールング	女 **物語** [複 ～en]
☐	das **Gedicht**　ゲディヒト	中 **詩** [複 ～e] ⇨ der **Dichter**　詩人; 作家
☐	die **Übersetzung**　ユーバーゼッツング	女 **翻訳** [複 ～en]

☐ der **Versuch** フェアズーフ	男 試み [複〜e]	
☐ der **Abschied** アップシート	男 別れ	
☐ das **Verbrechen** フェアブレッヒェン	中 犯罪 [複〜]	
☐ der **Flug** フルーク	男 飛行；フライト [複 Flüge] ◆das **Flugzeug** 飛行機	
☐ die **Reparatur** レパラトゥーア	女 修理 [複〜en] ⇨**reparieren** 修理する	
☐ die **Ernte** エルンテ	女 収穫 [複〜n]	
☐ die **Mühe** ミューエ	女 苦労 [複〜n]	

セクション 64 CD❷ 23

☐ die **Religion** レリギオーン	女 宗教 [複〜en]	
☐ der **Gott** ゴット	男 神 [複 Götter] ⑨die **Göttin**	
☐ das **Christentum** クリステントゥーム	中 キリスト教	
☐ der **Christ** クリスト	男 キリスト教徒 [複〜en] ⑨die **Christin**	
☐ die **Bibel** ビーベル	女 聖書 [複〜n]	
☐ das **Opfer** オプファー	中 犠牲；犠牲者 [複〜]	

☐	das **Schicksal** シックザール	中 運命 [複 ～e]
☐	die **Chance** シャーンセ	女 チャンス [複 ～n]
☐	das **Wunder** ヴンダー	中 奇跡 [複 ～] ⇨ **wunderbar** すばらしい ⇨ **sich⁴ wundern** 驚く
☐	das **Rätsel** レーツェル	中 謎; なぞなぞ [複 ～]
☐	die **Kraft** クラフト	女 力 [複 Kräfte]
☐	die **Macht** マハト	女 権力
☐	die **Gewalt** ゲヴァルト	女 暴力
☐	die **Entschuldigung** エントシュルディグング	女 許し [複 ～en] ◆ Entschuldigung! 　申しわけありません（謝罪）； 　すみませんが…（呼びかけ） ⇨ **entschuldigen** 許す

セクション 65

☐	die **Nation** ナツィオーン	女 国民; 国家 [複 ～en]
☐	das **Volk** フォルク	中 国民; 民族 [複 Völker]
☐	die **Demokratie** デモクラティー	女 民主主義
☐	der **Kommunismus** コムニスムス	男 共産主義

☐	der **Kapitalismus** カピタリスムス	男 資本主義
☐	die **Wahl** ヴァール	女 選択; 選挙 [複 ～en] ⇨wählen 選ぶ
☐	das **Gesetz** ゲゼッツ	中 法律; 法則 [複 ～e]
☐	das **Grundgesetz** グルントゲゼッツ	中 基本法（ドイツ連邦共和国の憲法）
☐	die **Verfassung** フェアファッスング	女 憲法 [複 ～en]
☐	die **Ordnung** オルドヌング	女 秩序; 整理
☐	die **Regel** レーゲル	女 ルール [複 ～n]
☐	das **System** ズュステーム	中 システム; 制度 [複 ～e]
☐	die **Sitte** ズィッテ	女 風習; 慣習; マナー [複 ～n]
☐	die **Ehe** エーエ	女 結婚 [複 ～n]
☐	die **Verantwortung** フェアアントヴォルトゥング	女 責任 [複 ～en]
☐	die **Strafe** シュトラーフェ	女 罰 [複 ～n]
☐	das **Urteil** ウルタイル	中 判決; 判断 [複 ～e]
☐	die **Partei** パルタイ	女 党 [複 ～en]
☐	der **Verein** フェアアイン	男 協会 [複 ～e]

☐	der **Zoll** ツォル	男 関税; 税関 [複 Zölle]
☐	die **Währung** ヴェールング	女 通貨 [複 〜en]
☐	die **Rente** レンテ	女 年金 [複 〜n]
☐	die **Beziehung** ベツィーウング	女 関係; 関連 [複 〜en]
☐	die **Bewegung** ベヴェーグング	女 動き; 運動 [複 〜en]
☐	der **Fortschritt** フォルトシュリット	男 進歩 [複 〜e]
☐	die **Zone** ツォーネ	女 地帯 [複 〜n]

セクション 66

☐	die **Bedingung** ベディングング	女 条件 [複 〜en]
☐	der **Zustand** ツーシュタント	男 状態 [複 Zustände]
☐	die **Umwelt** ウムヴェルト	女 環境
☐	der **Unterschied** ウンターシート	男 違い [複 〜e] ⇨ **unterscheiden** 区別する
☐	der **Lärm** レルム	男 騒音
☐	das **Unglück** ウングリュック	中 事故; 不幸 [複 〜e]
☐	der **Grund** グルント	男 土地; 基礎; 底; 理由 [複 Gründe]

☐ das **Gebirge**　ゲビルゲ	中 山岳地帯 [複 〜]
☐ die **Wiese**　ヴィーゼ	女 草原 [複 〜n]
☐ das **Loch**　ロッホ	中 穴 [複 Löcher]
☐ die **Umgebung**　ウムゲーブング	女 周辺; 環境 [複 〜en]
☐ die **Atmosphäre**　アトモスフェーレ	女 大気; 雰囲気 [複 〜n]
☐ das **Gold**　ゴルト	中 金
☐ das **Silber**　ズィルバー	中 銀
☐ das **Eisen**　アイゼン	中 鉄 ◆ die **Eisen**bahn 鉄道
☐ der **Satellit**　ザテリート	男 衛星; 人工衛星 [複 〜en]
☐ das **Element**　エレメント	中 要素 [複 〜e]
☐ das **Erdbeben**　エーアトベーベン	中 地震 [複 〜]

セクション 67

☐ der **Blitz**　ブリッツ	男 いなずま [複 〜e]
☐ der **Sturm**　シュトゥルム	男 嵐 [複 Stürme]
☐ der **Strom**　シュトローム	男 大河; 流れ; 電流 [複 Ströme]

□ der **Schein** シャイン	男 光; 見かけ; 紙幣; 証明書 [複 〜e]
□ die **Hitze** ヒッツェ	女 暑さ
□ die **Temperatur** テムペラトゥーア	女 温度 [複 〜en]
□ die **Spur** シュプーア	女 (足)跡 [複 〜en]
□ das **Pferd** プフェート	中 馬 [複 〜e]
□ die **Kuh** クー	女 雌牛 [複 Kühe]
□ das **Schwein** シュヴァイン	中 ブタ [複 〜e]
□ das **Huhn** フーン	中 ニワトリ [複 Hühner]
□ der **Affe** アッフェ	男 サル [複 〜n]
□ die **Maus** マオス	女 (小型の)ネズミ [複 Mäuse]
□ der **Schmetterling** シュメッターリング	男 チョウ [複 〜e]

セクション 68

□ der **Moment** モメント	男 瞬間; ちょっとの間 [複 〜e] ◆im Moment 目下; 今のところ
□ der **Augenblick** アオゲンブリック	男 瞬間; ちょっとの間 [複 〜e] ◆im Augenblick 目下; 今のところ
□ die **Jahreszeit** ヤーレスツァイト	女 季節 [複 〜en]

☐	das **Jahrhundert** ヤールフンダート	中 世紀 [複 ～e]
☐	die **Zukunft** ツークンフト	女 未来; 将来 ◆in Zukunft　今後は
☐	die **Gegenwart** ゲーゲンヴァルト	女 現在
☐	die **Vergangenheit** フェアガンゲンハイト	女 過去
☐	die **Mitternacht** ミッターナハト	女 真夜中
☐	die **Verspätung** フェアシュペートゥング	女 遅れ [複 ～en]
☐	das **Gramm** グラム	中 グラム（単位）[複 ～]
☐	der/das **Liter** リーター	男 中 リットル（単位）[複 ～]
☐	der **Grad** グラート	男 度（単位）; 程度 [複 ～e]
☐	das **Pfund** プフント	中 ポンド（単位）[複 ～]
☐	die **Größe** グレーセ	女 大きさ; サイズ; 偉大さ [複 ～n]
☐	die **Breite** ブライテ	女 幅 [複 ～n]
☐	die **Höhe** ヘーエ	女 高さ [複 ～n]
☐	die **Form** フォルム	女 形 [複 ～en]
☐	die **Strecke** シュトレッケ	女 道のり; 距離 [複 ～n]

☐ die **Mark** マルク	囡 マルク（ユーロ導入前のドイツの通貨単位）［褸 ～］
☐ das **Viertel** フィルテル	囲 **4分の1**; **15分** ［褸 ～］

❖——時刻の表し方

Wie spät ist es jetzt?	いま何時ですか？
Es ist neun.	9時です。
Es ist zehn nach neun.	9時10分(過ぎ)です。
Es ist halb zehn.	9時半です。
Es ist Viertel vor zehn.	10時15分前です。
Es ist 9.45 Uhr. (= Es ist neun Uhr fünfundvierzig).	9時45分です。
Es ist Viertel nach zehn.	10時15分(過ぎ)です。
Es ist fünf vor zehn.	10時5分前です。

セクション 69

erwarten
エアヴァルテン

動 (…⁴ を) **待ち受ける; 期待する**
- Ich erwarte Ihren Anruf.
  あなたからのお電話を待っています。

genießen
ゲニーセン

動 (…⁴ を) **楽しむ**
<genießen-genoss-genossen>
- Wir haben unseren Urlaub sehr genossen.
  私たちは休暇を大いに楽しんだ。

trauen
トラオエン

動 (…³ を) **信用する**
- Ich traue seinen Worten nicht.
  私は彼の言葉を信用していない。

zweifeln
ツヴァイフェルン

動 (an …³ を) **疑う**
- Ich zweifle nicht an deinem guten Willen.
  私は君の善意を疑ってはいない。

zögern
ツェーガーン

動 **ためらう**
- Sie zögert zu antworten.
  彼女は返事をためらっている。

überlegen
ユーバーレーゲン

動 (…⁴ を) **じっくり考える**
- Ich habe lange überlegt, ob es richtig ist.
  それが正しいのかどうか、私は長いこと考えた。

ein|bilden
アインビルデン

動 (sich³ ‥⁴ を…だと) **思い込む**
- Du bildest dir nur ein, krank zu sein.
  君は自分が病気だと思い込んでいるだけだ。

schreien
シュライエン

動 **叫ぶ**
<schreien-schrie-geschrien>
- Das Baby schreit nach der Mutter.
  赤ちゃんは母親を求めて泣き叫んでいる。

staunen
シュタオネン

動 (über ‥⁴ に) **驚く**
- Der Onkel staunte über meinen Vorschlag.
  おじは私の提案に驚いた。

überraschen
ユーバーラッシェン

動 (‥⁴ を) **驚かす**
- Die Nachricht überraschte uns alle.
  そのニュースに私たちはみんなびっくりした。

atmen
アートメン

動 **呼吸する**
- Im Wald atmete ich tief.
  森の中で私は深呼吸した。

husten
フーステン

動 **せきをする**
- Daniela hustet schon seit Tagen.
  ダニエーラはもう数日前からせきを

している。

☐ **schwitzen** シュヴィッツェン	動 **汗をかく** ◆ Er hat bei der Arbeit sehr geschwitzt. 彼は仕事中にたくさん汗をかいた。
☐ **riechen** リーヒェン	動 **においがする** <riechen-roch-gerochen> ◆ Dieser Wein riecht gut. このワインは香りがよい。
☐ **weh|tun** ヴェートゥーン	動 (‥³ の体の一部が) **痛い** <wehtun-tat...weh-wehgetan> ◆ Der rechte Arm tut mir weh. 私は右腕が痛い。
☐ **frieren** フリーレン	動 **寒く感じる**; **凍る**; (es friert 人⁴ の形で) 人⁴ が**寒がる** <frieren-fror-gefroren> ◆ Das Wasser ist gefroren. 水が凍った。 ◆ Es friert mich an den Händen. 私は手が冷える。
☐ **träumen** トロイメン	動 (von ‥³ の) **夢を見る** ◆ Ich träume oft von dir. 私はよく君の夢を見る。
☐ **ein|schlafen** アインシュラーフェン	動 **眠り込む** <einschlafen-schlief...ein-eingeschlafen>

du schläfst…ein
er schläft…ein

◆ Das Kind ist sofort eingeschlafen.
その子はすぐに眠り込んだ。

□ **schauen**
シャオエン

動 見る
◆ Mit der neuen Brille kann ich besser schauen.
新しいめがねだとよりよく見える。

□ **an|sehen**
アンゼーエン

du siehst…an
er sieht…an

動 (‥⁴ を) じっと見る
<ansehen-sah…an-angesehen>
◆ Sie sah mich ernst an.
彼女は私を真剣に見つめた。

□ **zu|hören**
ツーヘーレン

動 (注意して) 聴く
◆ Die Schüler hören dem Lehrer aufmerksam zu.
生徒たちは先生の話を注意深く聴く。

□ **betrachten**
ベトラハテン

動 (‥⁴ を) じっと眺める;
(‥⁴ を) 考察する
◆ Wir betrachten gern den Mond.
私たちは月を眺めるのが好きだ。

□ **merken**
メルケン

動 (‥⁴ に) 気づく
◆ Ich merkte sofort seine Absicht.
私はすぐ彼の意図に気づいた。

□ **genügen**
ゲニューゲン

動 十分である
◆ Die Antwort genügt mir nicht.
その返事では私は不満だ。

セクション 70

mit|teilen
ミットタイレン

動 (‥³ に ‥⁴ を) **知らせる**
- Sie teilte mir ihre neue E-Mail-Adresse mit.
  彼女は私に新しいメールアドレスを知らせてくれた。

versprechen
フェアシュプレッヒェン

du versprichst
er verspricht

動 (‥³ に ‥⁴ を) **約束する**
<versprechen-versprach-versprochen>
- Er verspricht mir, morgen zurückzukommen.
  彼は私に明日戻ってくると約束する。

raten
ラーテン

du rätst
er rät

動 (‥³ に ‥⁴ を) **アドバイスする**
<raten-riet-geraten>
- Ich habe ihm geraten, sofort zum Arzt zu gehen.
  私は彼にすぐ医者に行くようにアドバイスした。

winken
ヴィンケン

動 合図する
- Sie winkt ihrer Mutter mit der Hand.
  彼女は母親に手を振って合図する。

diskutieren
ディスクティーレン

動 討論する
<diskutieren-diskutierte-diskutiert>
- Die Studenten diskutieren über Politik.
  学生たちが政治について討論する。

□ **begleiten** ベグライテン	動 (‥⁴ に) **同行する**: (‥⁴ を) **送っていく** ◆ Darf ich Sie begleiten? ご一緒してよろしいですか?
□ **mit|kommen** ミットコメン	動 **一緒に来る** ＜mitkommen-kam…mit-mitgekommen＞ ◆ Kommst du mit ins Kino? 映画に一緒に来るかい?
□ **teilen** タイレン	動 (‥⁴ を) **分ける** ◆ Er teilt die Kinder in zwei Gruppen. 彼は子どもたちを二つのグループに分ける。
□ **an|bieten** アンビーテン	動 (‥³ に ‥⁴ を) **提供する** ＜anbieten-bot…an-angeboten＞ ◆ Darf ich Ihnen eine Tasse Kaffee anbieten? コーヒーを1杯いかがですか?
□ **wechseln** ヴェクセルン	動 (‥⁴ を) **取り替える**: **両替する** ◆ Er hat das Hemd gewechselt. 彼はシャツを着替えた。 ◆ Zuerst muss ich Yen in Euro wechseln. 私はまず最初に円をユーロに両替しなければならない。

☐ retten
レッテン

動 (‥⁴ を) **救う**
- Lukas hat das Leben des Kindes gerettet.
  ルーカスはその子の命を救った。

☐ pflegen
プフレーゲン

動 (‥⁴ の) **世話をする**;
(zu 不定詞[句]と) …する**習慣がある**
- Wer pflegt Ihren kranken Vater?
  どなたが病気のお父さんの面倒をみているのですか?
- Er pflegte jeden Morgen um sechs Uhr aufzustehen.
  彼は毎朝6時に起きる習慣だった。

☐ kümmern
キュマーン

動 (sich⁴ um ‥⁴ の) **面倒をみる**;
(sich⁴ um ‥⁴ のことを) **気にかける**
- Sie kümmert sich um ihre kleinen Geschwister.
  彼女は幼いきょうだいの面倒をみている。

☐ lügen
リューゲン

動 **うそをつく**
<lügen-log-gelogen>
- Du sollst nicht lügen.
  うそをついてはいけません。

☐ verzeihen
フェアツァイエン

動 (‥⁴ を) **許す**
<verzeihen-verzieh-verziehen>
- Verzeihen Sie noch eine Frage!
  すみませんがもうひとつ質問させてください。

befehlen
ベフェーレン

du befiehlst
er befiehlt

動 (..³ に ..⁴ を) **命令する**
<befehlen-befahl-befohlen>
◆ Der Chef befahl mir, Urlaub zu nehmen.
部長は私に休暇を取るように命令した。

herrschen
ヘルシェン

動 **支配する**
◆ Damals herrschte Napoleon in ganz Europa.
当時はナポレオンが全ヨーロッパを支配していた。

verbieten
フェアビーテン

動 (..³ に ..⁴ を) **禁止する**
<verbieten-verbot-verboten>
◆ Meine Eltern haben mir das Rauchen verboten.
両親は私に喫煙を禁じた。
⇔ **erlauben**

erlauben
エアラオベン

動 (..³ に ..⁴ を) **許可する**
◆ Der Arzt erlaubt dem Kranken den Alkohol.
医者は患者に飲酒を許可する。
⇔ **verbieten**

セクション 71

wecken
ヴェッケン

動 (..⁴ を) **起こす**
◆ Können Sie mich bitte morgen um 6 Uhr wecken?
私を明日6時に起こしてもらえます

か？

an|ziehen
アンツィーエン

動 (..⁴ を) **着る**
<anziehen-zog...an-angezogen>
- Heute ziehe ich das neue Kleid an.
  きょう私は新しいドレスを着ます。

rasieren
ラズィーレン

動 (..⁴ の) **ひげをそる**
<rasieren-rasierte-rasiert>
- Ich rasiere mich jeden Morgen.
  私は毎朝ひげをそっている。

braten
ブラーテン

du brätst
er brät

動 (..⁴ を) **焼く**
<braten-briet-gebraten>
- Der Koch brät das Fleisch in Butter.
  コックが肉をバターで焼いている。

an|machen
アンマッヘン

動 (明かりなど⁴ を) **つける**
- Mach bitte mal das Licht an!
  ちょっと明かりをつけてくれ。

nützen
ニュッツェン

動 **役に立つ**; (..⁴ を) **利用する**
- Das Mittel nützt gar nichts.
  この方法はまったく役に立たない。
- Wir müssen jede Chance nützen.
  私たちはどんなチャンスでも利用しなければならない。

senden ゼンデン	動（..⁴を）**放送する** ◆ Das Fußballspiel wurde im Fernsehen gesendet. そのサッカーの試合はテレビで放送された。
empfangen エンプファンゲン *du* empfängst *er* empfängt	動（..⁴を）**迎える**;（..⁴を）**受け取る** ＜empfangen-empfing-empfangen＞ ◆ Wir empfingen unsere Gäste warm. 私たちはお客を温かく迎えた。
erhalten エアハルテン *du* erhältst *er* erhält	動（..⁴を）**受け取る** ＜erhalten-erhielt-erhalten＞ ◆ Gestern habe ich ihren Brief erhalten. きのう私は彼女の手紙を受け取った。
enthalten エントハルテン *du* enthältst *er* enthält	動（..⁴を）**含む** ＜enthalten-enthielt-enthalten＞ ◆ Das Bier enthält 5 % Alkohol. このビールにはアルコールが5パーセント含まれている。
enden エンデン	動 **終わる** ◆ Der Film endet gegen 21 Uhr. その映画は21時ごろに終わる。 ⇔ an|fangen; beginnen
klingen クリンゲン	動 **鳴る**; **響く** ＜klingen-klang-geklungen＞

	◆ Ihre Stimme klingt hell durch das ganze Haus. 彼女の声が家中に明るく響き渡る。
☐ **klingeln** クリンゲルン	動 (ベルなどが) **鳴る** ◆ Das Telefon klingelt. 電話が鳴っている。
☐ **stammen** シュタメン	動 (aus ..^{3} の) **出身である** ◆ Barbara stammt aus München. バルバラはミュンヘンの出身だ。
☐ **verpassen** フェアパッセン	動 (..^{4} を) **のがす**; **乗り遅れる** ◆ Ich habe den letzten Zug verpasst. 私は終電に乗り遅れた。
☐ **entwickeln** エントヴィッケルン	動 (sich^4) **発展する** ◆ Die Wirtschaft Japans entwickelte sich schnell. 日本の経済は急速に発展した。
☐ **erscheinen** エアシャイネン	動 **現れる**; (..^{3} にとって…と) **思われる** <erscheinen-erschien-erschienen> ◆ Diese Zeitschrift erscheint monatlich. この雑誌は毎月出ている。 ◆ Alles erscheint mir wie ein Traum. 私にはすべてが夢のように思われる。

☐ gewöhnen
ゲヴェーネン

動 (sich⁴ an ..⁴ に) **慣れる**
- Er hat sich an die neue Arbeit gewöhnt.
  彼は新しい仕事に慣れた。

☐ passieren
パスィーレン

動 (事件が) **起こる**
<passieren-passierte-passiert>
- Dort ist der Unfall passiert.
  そこでその事故は起こった。

☐ schaden
シャーデン

動 (..³ に) **害を与える**
- Rauchen schadet der Gesundheit.
  喫煙は健康によくない。

☐ stürzen
シュテュルツェン

動 **落ちる**
- Er ist vom Pferd gestürzt.
  彼は馬から落ちた。

☐ verletzen
フェアレッツェン

動 (..⁴ を) **傷つける**; (sich⁴) **けがをする**
- Seine Worte haben sie tief verletzt.
  彼の言葉は彼女を深く傷つけた。
- Ich habe mich am Kopf verletzt.
  私は頭にけがをした。

☐ versäumen
フェアゾイメン

動 (チャンスなど⁴ を) **のがす**
- Die Chance hat er leider versäumt.
  チャンスを彼は残念ながらのがした。

セクション 72

handeln
ハンデルン

動 **行動する**；（es handelt sich um ‥⁴ の形で）‥⁴ が**問題である**
- Du musst schnell handeln.
  君はすばやく行動しなくてはならない。
- Es handelt sich um unsere Zukunft.
  私たちの将来にかかわる問題だ。

gelingen
ゲリンゲン

動 (‥³ にとって) **うまくいく**
<gelingen-gelang-gelungen>
- Der Kuchen ist mir gut gelungen.
  私はケーキがうまくできた。

behandeln
ベハンデルン

動 (‥⁴ を) **取り扱う**
- Er behandelt mich immer freundlich.
  彼は私をいつも親切に扱ってくれる。

beschäftigen
ベシェフティゲン

動 (**sich**⁴ mit ‥³ に) **取り組む**
- Seit April beschäftige ich mich mit Deutsch.
  4月から私はドイツ語に取り組んでいる。

verdienen
フェアディーネン

動 (‥⁴ を) **稼ぐ**
- Daniel verdient 3000 Euro im Monat.
  ダーニエルは月に 3000 ユーロ稼ぐ。

☐ jobben
ジョッベン

動 アルバイトをする
- Sie jobbt in den Ferien.
  彼女は休暇中にアルバイトをする。

☐ fordern
フォルダーン

動（..⁴ を）要求する
- Er fordert für seine Arbeit einen höheren Lohn.
  彼は自分の仕事に対してもっと高い報酬を要求する。

☐ an|melden
アンメルデン

動（..⁴ を）届け出る;
（sich⁴）申し込む
- Haben Sie sich schon zu dem Deutschkurs angemeldet?
  あなたはもうドイツ語講座に申し込みましたか?

☐ unterschreiben
ウンターシュライベン

動（..⁴ に）サインする
<unterschreiben-unterschrieb-unterschrieben>
- Unterschreiben Sie bitte diesen Vertrag!
  この契約書にサインしてください。

☐ gelten
ゲルテン

du giltst
er gilt

動 有効である;
（als… と）見なされている
<gelten-galt-gegolten>
- Der Pass gilt nicht mehr.
  このパスポートはもう期限切れだ。
- Er gilt als faul.
  彼は怠け者と思われている。

☐ verlangen
フェアランゲン

動 (‥⁴ を) **要求する**；
(‥⁴ が) **必要である**

- Die Arbeiter verlangen mehr Lohn.
  労働者たちはさらに賃金を要求する。
- Diese Arbeit verlangt viele Erfahrungen.
  この仕事には豊富な経験が必要だ。

☐ dienen
ディーネン

動 (‥³ の) **役に立つ**；**利用される**

- Das Schloss dient heute als Museum.
  その宮殿は今は博物館として使われている。

☐ empfehlen
エンプフェーレン

du empfiehlst
er empfiehlt

動 (‥⁴ を) **勧める**

<empfehlen-empfahl-empfohlen>

- Können Sie mir ein gutes Restaurant empfehlen?
  よいレストランを勧めてくれませんか？

☐ vertreten
フェアトレーテン

du vertrittst
er vertritt

動 (‥⁴ の) **代理をする**；
(‥⁴ を) **代表する**

<vertreten-vertrat-vertreten>

- Mein Bruder hat mich vertreten.
  兄が私の代理をしてくれた。

☐ operieren
オペリーレン

動 (‥⁴ を) **手術する**

<operieren-operierte-operiert>

- Ich muss mich am Magen

operieren lassen.
私は胃の手術をしてもらわなければばならない。

□ **untersuchen**
ウンターズーヘン

動 (‥⁴ を) **調べる; 診察する**
- Die Polizei untersucht die Ursache des Unfalls weiter.
  警察は事故の原因をさらに調査する。
- Der Arzt untersucht einen Patienten.
  医者が患者を診察する。

□ **reparieren**
レパリーレン

動 (‥⁴ を) **修理する**
<reparieren-reparierte-repariert>
- Er hat das Fahrrad gut repariert.
  彼は自転車をうまく修理した。

□ **liefern**
リーファーン

動 (‥⁴ を) **配達する**
- Wir liefern Ihnen die Waren schon morgen.
  商品をもう明日には配達いたします。

□ **erledigen**
エアレーディゲン

動 (仕事など⁴ を) **片づける**
- Das muss der Chef selbst erledigen.
  それは部長自身が片づけなければならない。

□ **schaffen**
シャッフェン

動 (‥⁴ を) **やり遂げる**
- Julia hat die Arbeit allein geschafft.

ユーリアは仕事をひとりでやり遂げた。

☐ **schaffen** シャッフェン	動 (‥⁴ を) **創造する** <schaffen-schuf-geschaffen> ◆Gott schuf den Menschen. 神は人間を創造した。
☐ **her|stellen** ヘーアシュテレン	動 (‥⁴ を) **製造する** ◆Diese Waren sind in Japan hergestellt. これらの商品は日本製です。
☐ **erfinden** エアフィンデン	動 (‥⁴ を) **発明する** <erfinden-erfand-erfunden> ◆Wer hat das Handy erfunden? 誰が携帯電話を発明したのですか?
☐ **messen** メッセン *du* misst *er* misst	動 (長さ・時間など⁴ を) **はかる** <messen-maß-gemessen> ◆Haben Sie heute schon Fieber gemessen? きょうはもう熱をはかりましたか?
☐ **wiegen** ヴィーゲン	動 (…の) **重さがある** <wiegen-wog-gewogen> ◆Das Paket wiegt fünf Kilo. この小包は重さが 5 キロある。

セクション 73

erziehen
エアツィーエン

動 (…⁴ を) **教育する**
<erziehen-erzog-erzogen>
◆ Sie erziehen ihre Kinder sehr frei.
彼らは自分の子どもたちをとても自由に育てている。

üben
ユーベン

動 (…⁴ を) **練習する**
◆ Sophie übt jeden Tag Klavier.
ゾフィーは毎日ピアノを練習する。

dar|stellen
ダールシュテレン

動 (…⁴ を) **表現する**; **演じる**
◆ Was stellt das Bild dar?
この絵は何を表しているのだろう？

entdecken
エントデッケン

動 (…⁴ を) **発見する**
◆ Kolumbus hat Amerika entdeckt.
コロンブスはアメリカ大陸を発見した。

erkennen
エアケネン

動 (…⁴ を) **見分ける**; **認識する**
<erkennen-erkannte-erkannt>
◆ Ich habe ihn gleich an der Stimme erkannt.
私は声ですぐに彼だとわかった。

vergleichen
フェアグライヒェン

動 (…⁴ を) **比べる**
<vergleichen-verglich-verglichen>
◆ Ich vergleiche das Mädchen mit meiner Tochter.

私はその少女を自分の娘と比べる。

☐ **versuchen**
フェアズーヘン

動 (‥⁴ を) **試みる**
- Er versucht, ihr zu helfen.
  彼は彼女を助けようとする。

☐ **unterscheiden**
ウンターシャイデン

動 (‥⁴ を) **区別する**
<unterscheiden-unterschied-unterschieden>
- Ich kann Renate nie von ihrer Schwester unterscheiden.
  私はレナーテと彼女の姉(妹)の見分けがまったくつかない。

☐ **malen**
マーレン

動 (絵など⁴ を) **描く**
- Er malt die Landschaft in Öl.
  彼は風景を油絵で描く。

☐ **besichtigen**
ベズィヒティゲン

動 (‥⁴ を) **見物** (見学) **する**
- Viele Touristen besichtigen das Schloss.
  多くの観光客がその城を見物する。

☐ **vor|haben**
フォーアハーベン

du hast…vor
er hat…vor

動 (‥⁴ を) **予定する**
<vorhaben-hatte…vor-vorgehabt>
- Hast du am Wochenende etwas vor?
  週末に何か予定はあるの?

☐ **reservieren**
レゼルヴィーレン

動 (‥⁴ を) **予約する**
<reservieren-reservierte-reserviert>
- Ich habe schon ein Zimmer

	reservieren lassen. 私はもう部屋をひとつ予約しました。
übernachten ユーバーナハテン	動 (…に) **泊まる** ◆ Wir übernachteten im Hotel. 私たちはホテルに泊まった。
bauen バオエン	動 (..⁴ を) **建てる** ◆ Man baut hier ein neues Theater. ここに新しい劇場が建設される。
bilden ビルデン	動 (..⁴ を) **形作る** ◆ Der Fluss bildet hier die Grenze. 川がここで国境を形成している。
brechen ブレッヒェン *du* brichst *er* bricht	動 (..⁴ を) **折る** <brechen-brach-gebrochen> ◆ Er hat sich den linken Arm gebrochen. 彼は左腕を折った。
zerstören ツェアシュテーレン	動 (..⁴ を) **壊す** ◆ Die Kirche wurde im Krieg zerstört. その教会は戦争中に破壊された。

セクション 74

schneien シュナイエン	動 (es schneit の形で) **雪が降る** ◆ Draußen schneit es stark. 外は雪がはげしく降っている。

□ **scheinen** シャイネン	動 **輝く**; （zu 不定詞［句］と）…のように**見える** <scheinen-schien-geschienen> ◆ Der Mond scheint hell. 　月が明るく輝いている。 ◆ Das Kind scheint zu schlafen. 　子どもは眠っているようだ。
□ **brennen** ブレネン	動 **燃える** <brennen-brannte-gebrannt> ◆ Papier brennt leicht. 　紙は燃えやすい。
□ **fließen** フリーセン	動 **流れる** <fließen-floss-geflossen> ◆ Die Donau fließt ins Schwarze Meer. 　ドナウ川は黒海に流れ込んでいる。
□ **zu|nehmen** ツーネーメン *du* nimmst…zu *er* nimmt…zu	動 **増える** <zunehmen-nahm…zu-zugenommen> ◆ Die Zahl der Touristen nimmt immer noch zu. 　観光客の数はあいかわらず増える一方だ。 ⇔ **ab|nehmen**
□ **auf|gehen** アオフゲーエン	動 （太陽や月が）**のぼる** <aufgehen-ging…auf-aufgegangen> ◆ Die Sonne geht im Osten auf. 　太陽は東にのぼる。

☐ **vor|kommen** フォーアコメン	動 (事が) **起こる**; (…³ に) **思われる** <vorkommen-kam...vor-vorgekommen> ◆ Solcher Unfall darf nicht wieder vorkommen. こうした事故は2度と起こってはいけない。 ◆ Der Mann kommt mir bekannt vor. その男は私には顔見知りのような気がする。
☐ **treten** トレーテン *du* trittst *er* tritt	動 **歩む**; **踏む** <treten-trat-getreten> ◆ Sie trat auf den Balkon. 彼女はバルコニーに出た。
☐ **wandern** ヴァンダーン	動 **ハイキングする** ◆ Wir wandern jetzt in die Berge. 私たちはこれから山へハイキングに行く。
☐ **eilen** アイレン	動 **急いで行く** ◆ Sie eilt nach Hause. 彼女は急いで帰宅する。
☐ **landen** ランデン	動 **着陸する** ◆ Das Flugzeug ist pünktlich gelandet. 飛行機は定刻に着陸した。

reichen
ライヒェン

動 足りる; 達する
- Das Geld reicht nicht mehr.
  お金がもう足りない。
- Das Wasser reichte mir bis an die Knie.
  水が私のひざにまで達した。

steigen
シュタイゲン

動 のぼる; おりる; 上がる
<steigen-stieg-gestiegen>
- Morgen steigen wir zusammen auf den Berg.
  明日私たちは一緒に山に登ります。
- Wir sind aus dem Auto gestiegen.
  私たちは車からおりた。
- Die Preise steigen sehr schnell.
  物価が急速に上がる。

sinken
ズィンケン

動 沈む; 下がる
<sinken-sank-gesunken>
- Das Boot ist vor uns gesunken.
  ボートは私たちの目の前で沈んでいった。
- Die Temperatur ist unter null gesunken.
  温度は0度以下に下がった。

um|steigen
ウムシュタイゲン

動 乗り換える
<umsteigen-stieg...um-umgestiegen>
- In Köln müssen wir umsteigen.
  ケルンで私たちは乗り換えなければ

ならない。

verschwinden
フェアシュヴィンデン

動 **消える**
<verschwinden-verschwand-verschwunden>
◆ Unsere Katze ist seit Tagen verschwunden.
うちの猫が数日前から姿を消した。

zurück|kommen
ツリュックコメン

動 **帰って来る**
<zurückkommen-kam...zurück-zurückgekommen>
◆ Mein Vater kommt erst am Sonntag zurück.
父はようやく日曜に帰って来る。

セクション 75

entscheiden
エントシャイデン

動 (..⁴ を) **決定する**；
(sich⁴) **決心する**
<entscheiden-entschied-entschieden>
◆ Das kann ich nicht allein entscheiden.
それを私はひとりでは決められない。
◆ Ich habe mich für diese Möbel entschieden.
私はこっちの家具に決めた。

nennen
ネネン

動 (..⁴ を ..⁴ と) **名づける**；**呼ぶ**
<nennen-nannte-genannt>
◆ Sie nennt ihre Katze Max.
彼女は猫をマックスと名づける。

treiben
トライベン

動 (･･⁴ を) **追い立てる**; (仕事やスポーツなど⁴ を) **する**

<treiben-trieb-getrieben>

◆ Ich treibe gern Sport.
私はスポーツをするのが好きだ。

greifen
グライフェン

動 (･･⁴ を) **つかむ**; (…へ) **手を伸ばす**

<greifen-griff-gegriffen>

◆ Das Kind greift einen Stein.
その子は石をつかむ。

◆ Ich greife nach dem Glas.
私はグラスに手を伸ばす。

folgen
フォルゲン

動 (･･³ に) **ついていく**; **従う**

◆ Niemand folgte ihm.
誰も彼についていかなかった。

gelangen
ゲランゲン

動 **到達する**

◆ Der Brief ist heute in meine Hände gelangt.
手紙はきょう私の手に届いた。

überqueren
ユーバークヴェーレン

動 (･･⁴ を) **横切る**

◆ Bei Rot dürfen Sie die Straße nicht überqueren.
赤信号で道路を横切ってはいけません。

springen
シュプリンゲン

動 **跳ぶ**

<springen-sprang-gesprungen>

◆ Der Hund springt ihm ins Gesicht.
犬が彼の顔に跳びかかる。

□ hegen
ヘーゲン

動 (ある感情⁴を) **抱く**
- Ich hege einen Verdacht gegen ihn.
  私は彼に対して疑いを抱いている。

□ schützen
シュッツェン

動 (‥⁴を) **守る**; **防ぐ**
- Die Polizei schützt die Bürger vor Verbrechen.
  警察は市民を犯罪から守っている。

□ stehlen
シュテーレン

du stiehlst
er stiehlt

動 (‥⁴を) **盗む**
<stehlen-stahl-gestohlen>
- Der Dieb hat ihr die Tasche gestohlen.
  どろぼうは彼女からバッグを盗んだ。

□ kriegen
クリーゲン

動 (‥⁴を) **もらう**
- Ich kriege 1000 Euro für meine Arbeit.
  私は仕事で 1000 ユーロもらう。

□ trennen
トレネン

動 (‥⁴を) **切り離す**; **分ける**; (**sich**⁴) **別れる**
- Der Fluss trennt die beiden Länder.
  その川が両国を分けている。
- Wir trennten uns vor dem Bahnhof.
  私たちは駅前で別れた。

☐ **drücken** ドリュッケン	動 (..⁴を) **押す** ◆ Drücken Sie bitte mal den Knopf! ちょっとそのボタンを押してください。
☐ **stecken** シュテッケン	動 (..⁴を) **差し込む** ◆ Er steckte das Geld in die Tasche. 彼はお金をポケットに突っ込んだ。
☐ **decken** デッケン	動 (..⁴を) **かばう; 覆う** ◆ Peter deckt seinen Freund. ペーターは友達をかばう。
☐ **stoßen** シュトーセン *du* stößt *er* stößt	動 (..⁴を) **突く** <stoßen-stieß-gestoßen> ◆ Ich stieß ihn ins Wasser. 私は彼を水中に突き落とした。
☐ **kämpfen** ケンプフェン	動 **戦う** ◆ Wir kämpfen für die Freiheit. 私たちは自由のために戦う。
☐ **hindern** ヒンダーン	動 (人⁴を) **妨げる** ◆ Der Lärm hinderte mich bei der Arbeit. 騒音のせいで私は仕事がはかどらなかった。

stören
シュテーレン

動 (‥⁴ の) **じゃまをする**
- Darf ich Sie kurz stören?
  ちょっとおじゃましてもよろしいですか?

streiten
シュトライテン

動 (mit ‥³ と) **けんかする**
<streiten-stritt-gestritten>
- Er streitet oft mit seiner Frau.
  彼はよく奥さんとけんかする。

ab|nehmen
アップネーメン

du nimmst...ab
er nimmt...ab

動 (‥⁴ を) **取り去る**; **減る**; **やせる**
<abnehmen-nahm...ab-abgenommen>
- Er nahm die Brille ab.
  彼はめがねをはずした。
- Sie hat fünf Kilo abgenommen.
  彼女は5キロやせた。

verlassen
フェアラッセン

du verlässt
er verlässt

動 (‥⁴ を) **去る**;
(**sich**⁴ auf ‥⁴ を) **頼りにする**
<verlassen-verließ-verlassen>
- Er hat gegen 19 Uhr das Büro verlassen.
  彼は19時ごろオフィスをあとにした。
- Du kannst dich auf seine Hilfe verlassen.
  君は彼の援助をあてにできる。

セクション 76

beschäftigt
ベシェフティヒト
形 (mit ..³ で) 忙しい
- Hanna ist viel beschäftigt mit ihren Kindern.
  ハナは彼女の子どもたちの世話で大忙しだ。

eilig
アイリヒ
形 急ぎの
- Er bringt uns die eilige Nachricht.
  彼は私たちに緊急の知らせをもたらす。

einsam
アインザーム
形 孤独な；寂しい
- Ohne dich fühle ich mich einsam.
  君がいないと私は寂しく思う。

entschlossen
エントシュロッセン
形 決心した
- Er ist fest entschlossen, in München zu studieren.
  彼はミュンヘンの大学で学ぼうと固く心に決めている。

freiwillig
フライヴィリヒ
形 自発的な
- Lisa ist freiwillig mitgekommen.
  リーザは自発的について来た。

nackt
ナックト
形 裸の
- Die Kinder spielen mit nackten Füßen.

子どもたちははだしで遊んでいる。

☐ **schlank** シュランク	形 **スリムな** ◆ Julia ist groß und schlank. ユーリアは背が高くてスリムだ。
☐ **wach** ヴァッハ	形 **目が覚めている** ◆ Ich bleibe lange wach. 私は長い間目が覚めたままでいる。
☐ **persönlich** ペルゼーンリヒ	形 **個人的な** ◆ Ich freue mich, Sie endlich persönlich kennenzulernen. あなたとようやく個人的に知り合えてうれしいです。 ⇨ die **Person** 人
☐ **lebendig** レベンディヒ	形 **生きている**; **生き生きとした** ◆ Unsere Kinder sind sehr lebendig. うちの子どもたちはとても活発だ。 ⇔ **tot**
☐ **angenehm** アンゲネーム	形 **快適な** ◆ Haben Sie eine angenehme Reise gehabt? 旅行は快適でしたか? ◆ Sehr angenehm! はじめまして!(紹介されたときのあいさつ)

199

□ **bereit**　ベライト	形 **用意のできた**　 ◆ Bist du schon bereit, zu gehen?　 もう出かける準備はできたかい?
□ **stolz**　シュトルツ	形 (auf..^{4} を) **誇りに思っている**　 ◆ Er ist stolz auf seine Tochter.　 彼は娘を誇りにしている。
□ **aufmerksam**　アオフメルクザーム	形 **注意深い**　 ◆ Klaus hört dem Professor aufmerksam zu.　 クラウスは教授の話に注意深く耳を傾ける。
□ **gemütlich**　ゲミュートリヒ	形 **心地よい**　 ◆ Das Hotel ist sehr gemütlich.　 そのホテルはとても居心地がよい。
□ **komisch**　コーミシュ	形 **おもしろい; おかしな**　 ◆ Er spielt nur komische Rollen.　 彼はこっけいな役しか演じない。
□ **lustig**　ルスティヒ	形 **愉快な**　 ◆ Die Party war sehr lustig.　 パーティーはとても楽しかった。
□ **stumm**　シュトゥム	形 **無言の; 口のきけない**　 ◆ Warum bist du so stumm?　 どうして君はそう黙っているの?

□ **heiter** ハイター	形 **陽気な**: **晴れた** ◆ Morgen wird das Wetter wieder heiter. 明日は天気がまた晴れになります。
□ **tüchtig** テュヒティヒ	形 **有能な** ◆ Die Ärzte dieses Krankenhauses sind sehr tüchtig. この病院の医者はたいへん有能だ。
□ **zart** ツァールト	形 **きゃしゃな**: **柔らかい** ◆ Sie hat zarte Hände. 彼女はきゃしゃな手をしている。
□ **vorsichtig** フォーアズィヒティヒ	形 **用心深い** ◆ Daniel öffnet vorsichtig den Kasten. ダーニエルは注意深くその箱を開ける。
□ **kühn** キューン	形 **大胆な** ◆ Er hat einen kühnen Plan. 彼には大胆な計画がある。

セクション 77

□ **normal** ノルマール	形 **標準の**: **ふつうの** ◆ Meine Körpertemperatur ist normal. 私の体温は平熱です。

- **quer** クヴェーア

  副 **横切って**; **横に**
  - Er geht quer durch den Park.
    彼は公園を横切って歩いて行く。

- **rund** ルント

  形 **丸い**
  - Die Erde ist rund.
    地球は丸い。

- **schmal** シュマール

  形 **幅の狭い**; **細長い**
  <schmal-schmaler(schmäler)-schmalst(schmälst)>
  - Die Treppe ist sehr schmal.
    この階段はとても狭い。
  - ⇔ **breit**

- **scharf** シャルフ

  形 **鋭い**; (味が) **辛い**
  <scharf-schärfer-schärfst>
  - Vorsicht, das Messer ist sehr scharf!
    気をつけて、そのナイフはよく切れるぞ!

- **klassisch** クラスィシュ

  形 **古典古代の**; **古典期の**
  - Ich liebe klassische Musik.
    私はクラシック音楽が好きだ。

- **modern** モデルン

  形 **モダンな**; **現代的な**
  - Interessierst du dich für moderne Kunst?
    モダンアートに興味がある?

ausgezeichnet
アオスゲツァイヒネット

形 **抜群の**; **すばらしい**
- Philipp spricht ausgezeichnet Englisch.
 フィリップはすばらしい英語を話す。

fest
フェスト

形 **固まった**; **しっかりした**
- Das Eis ist noch nicht fest.
 氷はまだ固まっていない。

rein
ライン

形 **純粋な**; **清潔な**
- Der Löffel ist aus reinem Silber.
 そのスプーンは純銀製だ。
- Sie macht die Küche rein.
 彼女は台所をきれいにしている。

reif
ライフ

形 **熟した**
- Die Äpfel sind noch nicht reif.
 リンゴはまだ熟していない。

wild
ヴィルト

形 **野生の**
- Diese Rosen wachsen wild.
 これらのバラは野生する。

heftig
ヘフティヒ

形 **激しい**
- Draußen regnet es heftig.
 外では雨が激しく降っている。

furchtbar
フルヒトバール

形 **恐ろしい**
- Da ist ein furchtbares Unglück passiert.
 そこで恐ろしい事故が起こった。

□ gefährlich
ゲフェーアリヒ

形 **危険な**
- Diese Kreuzung ist sehr gefährlich.
  この交差点はとても危険だ。

□ bitter
ビター

形 **苦い**
- Dieser Kaffee schmeckt bitter.
  このコーヒーは苦い味がする。
  ⇔ süß

□ fett
フェット

形 **油っこい**
- Diese Speise ist mir zu fett.
  この料理は私には油っこすぎる。

□ roh
ロー

形 **生の**
- Das Fleisch ist noch roh.
  この肉はまだ生だ。

セクション 78

□ bunt
ブント

形 **カラフルな**
- Ich habe meiner Mutter eine bunte Bluse geschenkt.
  私は母にカラフルなブラウスをプレゼントした。

□ golden
ゴルデン

形 **金の**
- Sophie trägt einen goldenen Ring.
  ゾフィーは金の指輪をしている。

silbern
ズィルバーン

形 銀の

◆ Der silberne Teller gefällt mir gut.
その銀の皿を私はとても気に入っている。

violett
ヴィオレット

形 紫色の

◆ Der Mann trägt ein violettes Hemd.
その男は紫色のシャツを着ている。

demokratisch
デモクラーティシュ

形 民主主義の

◆ Das ist eine demokratische Lösung.
それは民主的な解決だ。

verantwortlich
フェアアントヴォルトリヒ

形 責任のある

◆ Die Eltern sind für ihre Kinder verantwortlich.
親は子どもに対して責任がある。

schuldig
シュルディヒ

形 借りのある；有罪の

◆ Ich bin dir noch 100 Euro schuldig.
私は君にまだ 100 ユーロ借りがある。
◆ Er ist an dem Unglück schuldig.
彼はその事故に責任がある。

sozial
ゾツィアール

形 社会の

◆ Wir haben noch viele soziale Fragen zu lösen.

私たちにはまだ解決すべき多くの社会問題がある。

---

günstig
ギュンスティヒ

形 好都合の
- Wir arbeiten unter günstigen Bedingungen.
  私たちは好条件で働いている。

---

international
インターナツィオナール

形 国際的な
- Berlin ist eine internationale Stadt.
  ベルリンは国際的な都市です。

---

national
ナツィオナール

形 国民の; 国家の
- Morgen ist ein nationaler Feiertag.
  明日は国民の祝日だ。

---

regelmäßig
レーゲルメースィヒ

形 規則的な
- Du sollst ein regelmäßiges Leben führen.
  君は規則正しい生活をするべきだ。

---

wirtschaftlich
ヴィルトシャフトリヒ

形 経済の
- Die wirtschaftlichen Verhältnisse sind besser geworden.
  経済状況がよくなった。

---

preiswert
プライスヴェーアト

形 お買い得の
- Diese Uhr ist sehr preiswert.
  この時計はとてもお買い得だ。

☐ **bar** バール	形 現金の ◆ Möchten Sie bar oder mit Kreditkarte bezahlen? お支払いは現金ですか、それともクレジットカードですか？
☐ **kostenlos** コステンロース	形 無料の ◆ Die Zeitschrift ist kostenlos. その雑誌は無料です。
☐ **praktisch** プラクティシュ	形 実際の；実用的な ◆ Diese neue Tasche ist wirklich praktisch. この新しいバッグはほんとうに実用的だ。
☐ **technisch** テヒニシュ	形 (科学) 技術の ◆ Das ist technisch schwierig. それは技術的にむずかしい。
☐ **ausländisch** アオスレンディシュ	形 外国の ◆ Er liest manchmal auch ausländische Zeitungen. 彼はときどき外国の新聞も読む。 ⇨ das **Ausland** 外国
☐ **europäisch** オイロペーイシュ	形 ヨーロッパの ◆ Der Minister besucht die europäischen Länder. その大臣はヨーロッパ諸国を訪れる。

セクション 79

- **mitten**
  ミッテン

  副 **まん中に**
  - Das Hotel liegt mitten in der Stadt.
    そのホテルは町のまん中にある。

- **zentral**
  ツェントラール

  形 **中心の**
  - Der Stadtpark liegt zentral.
    市立公園は町の中心部にある。
  ⇨ das **Zentrum**　中心

- **entfernt**
  エントフェルント

  形 **遠い**
  - Das Museum liegt weit entfernt von hier.
    美術館はここから遠く離れたところにある。

- **heraus**
  ヘラオス

  副 （中から）**外へ**
  - Bitte kommen Sie heraus!
    外へ出てきてください。
  ⇔ **herein**

- **herein**
  ヘライン

  副 （外から）**中へ**
  - Komm nur herein!
    さあ中へ入ってこい。
  ⇔ **heraus**

- **voraus**
  フォラオス

  副 （..³ よりも）**先行して**
  - Im Rechnen ist sie mir voraus.
    計算にかけては彼女は私よりすぐれている。

☐ fort
フォルト

副 **去って**
- Die Kinder sind schon fort.
  子どもたちはもう帰ってしまった。

☐ zugleich
ツグライヒ

副 **同時に**
- Wir kamen fast zugleich ans Ziel.
  私たちはほとんど同時に目的地に着いた。

☐ je
イェー

副 **それぞれ**
- Ich gebe euch je zwei Bonbons.
  君たちにキャンディーを二つずつあげる。

接 (je＋比較級, desto＋比較級の形で)
  …すればするほど…
- Je mehr sie isst, desto dicker wird sie.
  食べれば食べるほど、彼女はますます太る。

☐ ewig
エーヴィヒ

形 **永遠の**
- Sein Name wird ewig leben.
  彼の名前は永遠に生きるだろう。

☐ eher
エーアー

副 (bald の比較級) **より早く；むしろ**
- Kannst du ein bisschen eher kommen?
  もうちょっと早く来られるかい？
- Er ist eher faul als dumm.
  彼は頭が悪いというよりむしろなま

け者だ。

neuerdings
ノイアーディングス

副 近ごろ
- Hanna liest neuerdings Hesse.
  ハナは近ごろヘッセを読んでいる。

neulich
ノイリヒ

副 先日
- Ich habe ihn neulich gesehen.
  私は先日彼に会った。

übermorgen
ユーバーモルゲン

副 あさって
- Übermorgen habe ich Geburtstag.
  あさっては私の誕生日です。

vorgestern
フォーアゲスターン

副 おととい
- Ich habe sie vorgestern auf der Straße getroffen.
  私は彼女におととい通りで会った。

zuletzt
ツレット

副 最後に
- Lisa kommt immer zuletzt.
  リーザはいつも最後に来る。
⇔ zuerst

inzwischen
インツヴィッシェン

副 その間に
- Die Studenten aus Japan sind inzwischen immer mehr geworden.
  日本からの学生はその間にどんどん増えた。

セクション 80

- **meistens**
  マイステンス

  副 **たいていは**
  - Ich fahre meistens mit dem Fahrrad zur Firma.
  私はたいてい自転車で会社に行く。

- **gewöhnlich**
  ゲヴェーンリヒ

  形 **ふだんの**
  - Wann stehen Sie gewöhnlich auf?
  あなたはふだん何時に起きますか?

- **häufig**
  ホイフィヒ

  形 **たびたびの**
  - Herr Schmidt kommt häufig spät zur Arbeit.
  シュミットさんはたびたび仕事に遅刻する。

- **wenigstens**
  ヴェーニヒステンス

  副 **少なくとも**
  - Diese Uhr kostet wenigstens 1000 Euro.
  この時計は少なくとも 1000 ユーロはする。

- **höchstens**
  ヘーヒステンス

  副 **せいぜい**
  - Diese Kamera kostet höchstens 1000 Euro.
  このカメラの値段はせいぜい 1000 ユーロだ。

- **gleichfalls**
  グライヒファルス

  副 **同様に**
  - Schönes Wochenende! —

Danke, gleichfalls!
よい週末を。 —ありがとう、あなたもね。

jedoch
イェドッホ

副 **しかし**

◆ Die Sonne scheint, es ist jedoch kalt.
太陽は輝いているが、それなのに寒い。

trotzdem
トロッツデーム

副 **それにもかかわらず**

◆ Es regnete heftig, trotzdem gingen wir spazieren.
ひどく雨が降ったが、それにもかかわらず私たちは散歩に出かけた。

zufällig
ツーフェリヒ

形 **偶然の**

◆ Auf einer Party habe ich zufällig Barbara getroffen.
あるパーティーで私は偶然バルバラに出会った。

durchaus
ドゥルヒアオス

副 **まったく**

◆ Das ist durchaus richtig.
それはまったく正しい。

beinahe
バイナーエ

副 **ほとんど**

◆ Die Sitzung dauert beinahe eine Stunde.
会議はほとんど1時間も続いている。

darüber
ダリューバー

副 その上に; それに関して

- Sie trägt einen Pullover und darüber einen Mantel.
  彼女はセーターとその上にコートを着ている。
- Darüber besteht kein Zweifel.
  それに関して疑いの余地はない。

dazu
ダツー

副 それについて; それに加えて

- Was meinst du dazu?
  君はそれについてどう思う？
- Ich nehme einen Kaffee und ein Stück Kuchen dazu.
  私はコーヒーと、それに加えてケーキにします。

mal
マール

副 (依頼・命令などで) ちょっと

- Komm doch mal zu mir!
  ちょっと私のところに来てくれよ。

allerdings
アラーディングス

副 ただし; もちろん

- Er hat es versucht, allerdings ohne Erfolg.
  彼はそれをやってみた。ただし成功しなかったが。

wieso
ヴィゾー

副 なぜ

- Wieso hast du mir das nicht gesagt?
  どうして君は私にそれを言ってくれなかったんだ？

□ **indem**
インデーム

接 **…することによって**
- Indem du mehr lernst, kannst du das Examen bestehen.
もっと勉強することで、君は試験に合格できるよ。

□ **sowohl**
ゾヴォール

接（sowohl A als auch B の形で）
AもBも
- Sie kann sowohl Deutsch als auch Französisch.
彼女はドイツ語もフランス語もできる。

❖──おもな国名

	国	人(男/女)	形容詞
日本	Japan ヤーパン	Japaner/Japanerin ヤパーナー/ヤパーネリン	japanisch ヤパーニシュ
ドイツ	Deutschland ドイチュラント	Deutscher/Deutsche ドイチャー/ドイチェ	deutsch ドイチュ
オーストリア	Österreich エーステライヒ	Österreicher/Österreicherin エースターライヒャー/ エースターライヒェリン	österreichisch エースターライヒシュ
スイス	die Schweiz シュヴァイツ	Schweizer/Schweizerin シュヴァイツァー/ シュヴァイツェリン	schweizerisch シュヴァイツェリシュ
イギリス	England エングラント	Engländer/Engländerin エングレンダー/ エングレンデリン	englisch エングリシュ
フランス	Frankreich フランクライヒ	Franzose/Französin フランツォーゼ/ フランツェーズィン	französisch フランツェーズィシュ
オランダ	Holland ホラント	Holländer/Holländerin ホレンダー/ホレンデリン	holländisch ホレンディシュ
イタリア	Italien イターリエン	Italiener/Italienerin イタリエーナー/ イタリエーネリン	italienisch イタリエーニシュ
スペイン	Spanien シュパーニエン	Spanier/Spanierin シュパーニアー/ シュパーニエリン	spanisch シュパーニシュ
ロシア	Russland ルスラント	Russe/Russin ルッセ/ルッスィン	russisch ルスィシュ
アメリカ	Amerika(die USA) アメーリカ (ウーエスアー)	Amerikaner/Amerikanerin アメリカーナー/ アメリカーネリン	amerikanisch アメリカーニシュ
中国	China ヒーナ	Chinese/Chinesin ヒネーゼ/ヒネーズィン	chinesisch ヒネーズィシュ
韓国(朝鮮)	Korea コレーア	Koreaner/Koreanerin コレアーナー/コレアーネリン	koreanisch コレアーニシュ

＊国名はふつう無冠詞で使う。ただし、スイス(die Schweiz)とアメリカ(die USA)は定冠詞をつける。

❖――基数

0	null ヌル	13	dreizehn ドライツェーン	20	zwanzig ツヴァンツィヒ
1	eins アインス	14	vierzehn フィルツェーン	30	dreißig ドライスィヒ
2	zwei ツヴァイ	15	fünfzehn フュンフツェーン	40	vierzig フィルツィヒ
3	drei ドライ	16	sechzehn ゼヒツェーン	50	fünfzig フュンフツィヒ
4	vier フィーア	17	siebzehn ズィープツェーン	60	sechzig ゼヒツィヒ
5	fünf フュンフ	18	achtzehn アハツェーン	70	siebzig ズィープツィヒ
6	sechs ゼクス	19	neunzehn ノインツェーン	80	achtzig アハツィヒ
7	sieben ズィーベン			90	neunzig ノインツィヒ
8	acht アハト	100	(ein)hundert (アイン)フンダート		
9	neun ノイン	1 000	(ein)tausend (アイン)タオゼント	21	einundzwanzig アインウントツヴァンツィヒ
10	zehn ツェーン	10 000	zehntausend ツェーンタオゼント	34	vierunddreißig フィーアウントドライスィヒ
11	elf エルフ	100 000	hunderttausend フンダートタオゼント	101	hundert(und)eins フンダート(ウント)アインス
12	zwölf ツヴェルフ	1 000 000	eine Million アイネ ミリオーン	200	zweihundert ツヴァイフンダート

❖──序数

1.	**erst** エーアスト	13.	**dreizehnt** ドライツェーント	20.	**zwanzigst** ツヴァンツィヒスト
2.	**zweit** ツヴァイト	14.	**vierzehnt** フィルツェーント	30.	**dreißigst** ドライスィヒスト
3.	**dritt** ドリット	15.	**fünfzehnt** フュンフツェーント	40.	**vierzigst** フィルツィヒスト
4.	**viert** フィーアト	16.	**sechzehnt** ゼヒツェーント	50.	**fünfzigst** フュンフツィヒスト
5.	**fünft** フュンフト	17.	**siebzehnt** ズィープツェーント	60.	**sechzigst** ゼヒツィヒスト
6.	**sechst** ゼクスト	18.	**achtzehnt** アハツェーント	70.	**siebzigst** ズィープツィヒスト
7.	**siebt** ズィープト	19.	**neunzehnt** ノインツェーント	80.	**achtzigst** アハツィヒスト
8.	**acht** アハト			90.	**neunzigst** ノインツィヒスト
9.	**neunt** ノイント	21.	**einundzwanzigst** アインウントツヴァンツィヒスト		
10.	**zehnt** ツェーント	100.	**hundertst** フンダーツト		
11.	**elft** エルフト	1000.	**tausendst** タオゼンツト		
12.	**zwölft** ツヴェルフト				

- 序数は原則として、19までは「基数+t」、20以上は「基数+st」。
- 序数はふつう定冠詞または所有冠詞とともに用い、形容詞の格語尾を付ける。

例 der Erste Weltkrieg 第一次世界大戦
meine zweite Tochter 私の次女
Heute ist der dritte März. きょうは3月3日です。

文法表

I 格変化
1 冠詞と名詞の格変化
a) 定冠詞

	男 父		女 母		中 子ども		複 子どもたち	
1格	der	Vater	die	Mutter	das	Kind	die	Kinder
2格	des	Vaters	der	Mutter	des	Kind[e]s	der	Kinder
3格	dem	Vater	der	Mutter	dem	Kind	den	Kindern
4格	den	Vater	die	Mutter	das	Kind	die	Kinder

b) 定冠詞類

	男	女	中	複
1格	dieser	diese	dieses	diese
2格	dieses	dieser	dieses	dieser
3格	diesem	dieser	diesem	diesen
4格	diesen	diese	dieses	diese

◆ dieser この,
jener あの,
jeder(単数のみ) どの…も,
mancher かなりの,
welcher どの,
all すべての,
など

c) 不定冠詞

	男 父		女 母		中 子ども		複
1格	ein	Vater	eine	Mutter	ein	Kind	―
2格	eines	Vaters	einer	Mutter	eines	Kind[e]s	―
3格	einem	Vater	einer	Mutter	einem	Kind	―
4格	einen	Vater	eine	Mutter	ein	Kind	―

d) 不定冠詞類

	男	女	中	複
1格	kein	keine	kein	keine
2格	keines	keiner	keines	keiner
3格	keinem	keiner	keinem	keinen
4格	keinen	keine	kein	keine

◆ 否定冠詞 kein ひとつも…ない,
所有冠詞 mein 私の, dein 君の,
sein 彼の/それの,
ihr 彼女の/彼らの,
unser 私たちの,
euer 君たちの,
Ihr あなたの/あなたがたの

e) 男性弱変化名詞

	単数	複数	単数	複数
	男の子		大学生	
1格	der Junge	die Jungen	der Student	die Studenten
2格	des Jungen	der Jungen	des Studenten	der Studenten
3格	dem Jungen	den Jungen	dem Studenten	den Studenten
4格	den Jungen	die Jungen	den Studenten	die Studenten

2 代名詞の格変化

a) 人称代名詞

		1人称	2人称		3人称		
			親称	敬称	男性	女性	中性
		私	君	あなた	彼	彼女	それ
単数	1格	ich	du	Sie	er	sie	es
	3格	mir	dir	Ihnen	ihm	ihr	ihm
	4格	mich	dich	Sie	ihn	sie	es
		私たち	君たち	あなたがた	彼ら	彼女ら	それら
複数	1格	wir	ihr	Sie	sie		
	3格	uns	euch	Ihnen	ihnen		
	4格	uns	euch	Sie	sie		

◆2格は現在ほとんど使用されない

b) 関係代名詞

	男	女	中	複
1格	der	die	das	die
2格	dessen	deren	dessen	deren
3格	dem	der	dem	denen
4格	den	die	das	die

c) 疑問代名詞

	人	物・事
1格	wer	was
2格	wessen	—
3格	wem	—
4格	wen	was

3 形容詞の格変化
a) 弱変化：定冠詞(類)＋形容詞＋名詞

	男 よい男	女 若い女
1格	der gute Mann	die junge Frau
2格	des guten Mann[e]s	der jungen Frau
3格	dem guten Mann	der jungen Frau
4格	den guten Mann	die junge Frau

	中 小さい子ども	複 年とった人たち
1格	das kleine Kind	die alten Leute
2格	des kleinen Kind[e]s	der alten Leute
3格	dem kleinen Kind	den alten Leuten
4格	das kleine Kind	die alten Leute

b) 混合変化：不定冠詞(類)＋形容詞＋名詞

	男 よい男	女 若い女
1格	ein guter Mann	eine junge Frau
2格	eines guten Mann[e]s	einer jungen Frau
3格	einem guten Mann	einer jungen Frau
4格	einen guten Mann	eine junge Frau

	中 小さい子ども	複 私の年とった両親
1格	ein kleines Kind	meine alten Eltern
2格	eines kleinen Kind[e]s	meiner alten Eltern
3格	einem kleinen Kind	meinen alten Eltern
4格	ein kleines Kind	meine alten Eltern

c) 強変化：(無冠詞)形容詞＋名詞

	男 赤いワイン	女 温かいスープ	中 冷たい水	複 熟したトマト
1格	roter Wein	warme Suppe	kaltes Wasser	reife Tomaten
2格	roten Wein[e]s	warmer Suppe	kalten Wassers	reifer Tomaten
3格	rotem Wein	warmer Suppe	kaltem Wasser	reifen Tomaten
4格	roten Wein	warme Suppe	kaltes Wasser	reife Tomaten

Ⅱ 動詞の人称変化
1 現在人称変化
不定形の語幹＋語尾

規則変化

不定形		lernen（学ぶ）	arbeiten（働く）
ich	—e	lerne	arbeite
du	—st	lernst	arbeitest
er	—t	lernt	arbeitet
wir	—en	lernen	arbeiten
ihr	—t	lernt	arbeitet
sie	—en	lernen	arbeiten

◆ 敬称2人称Sieは複数sieと同じ変化
◆ du, er, ihrで口調上 -e- が入るものがある

不規則変化 duとerで： a⇒ä　e⇒i　e⇒ie

不定形	schlafen（眠る）	geben（与える）	sehen（見る）
ich	schlafe	gebe	sehe
du	schläfst	gibst	siehst
er	schläft	gibt	sieht

2 過去人称変化
過去基本形＋語尾

不定形		lernen（学ぶ）	arbeiten（働く）	kommen（来る）	denken（考える）
過去基本形		lernte	arbeitete	kam	dachte
ich	—	lernte	arbeitete	kam	dachte
du	—st	lerntest	arbeitetest	kamst	dachtest
er	—	lernte	arbeitete	kam	dachte
wir	—[e]n*	lernten	arbeiteten	kamen	dachten
ihr	—t	lerntet	arbeitetet	kamt	dachtet
sie	—[e]n*	lernten	arbeiteten	kamen	dachten

*過去基本形が -e で終わる場合、[e] は入れない

Ⅲ 形容詞・副詞の比較変化

1 形容詞の比較変化

原級	比較級	最上級
—	—er	—st
schnell（速い）	schneller	schnellst
böse [1]（悪い）	böser	bösest
breit [2]（幅の広い）	breiter	breitest
dunkel [3]（暗い）	dunkler	dunkelst
jung [4]（若い）	jünger	jüngst
gut [5]（よい）	besser	best

1) -e で終わるものは比較級でそのeが脱落する
2) 最上級が -est となるものがある
3) -el, -en -er で終わるものは比較級でそのeが脱落する
4) 短いつづりのものでは比較級と最上級で幹母音が変音することが多い
5) 不規則な比較変化をするものがある

2 副詞の比較変化

原級	比較級	最上級
—	—er	am —sten
schnell [1]（速く）	schneller	am schnellsten
gern [2]（好んで）	lieber	am liebsten

1) ほとんどの形容詞はそのまま副詞としても用いられる
2) 不規則な比較変化をするものがある

Ⅳ 動詞の3基本形

1 a) 規則動詞（弱変化）

不定形	過去基本形	過去分詞
—en	—te	ge—t
lernen（学ぶ）	lernte	gelernt
arbeiten [1]（働く）	arbeitete	gearbeitet
studieren [2]（大学で勉強する）	studierte	studiert

1) 口調上、過去基本形 —ete、過去分詞 ge—et になるものがある
2) -ieren で終わる動詞は、過去分詞に ge- がつかない

b) 不規則動詞(強変化)

不定形	過去基本形	過去分詞
—en	△	ge-△-en
find**en** (見つける)	f**a**nd	ge**fund**en
komm**en** (来る)	k**a**m	ge**komm**en
steh**en** (立っている)	st**a**nd	ge**stand**en

c) 不規則動詞(混合変化)

不定形	過去基本形	過去分詞
—en	△-te	ge-△-t
bring**en** (持ってくる)	br**ach**te	ge**brach**t

◆不規則動詞では、過去基本形と過去分詞で幹母音が変わることが多い

2 分離動詞

	不定形	過去基本形	過去分詞
規則動詞	einkaufen (買い物をする)	kaufte...ein	eingekauft
不規則動詞	ankommen (到着する)	kam...an	angekommen

◆過去基本形は前つづりを分離して、基礎動詞の過去基本形のうしろに置く
◆過去分詞は前つづりを基礎動詞の過去分詞の前につけて1語につづる

3 非分離動詞

	不定形	過去基本形	過去分詞
規則動詞	verkaufen (売る)	verkaufte	verkauft
不規則動詞	bekommen (もらう)	bekam	bekommen

◆過去分詞でgeを取り除く

❖──おもな不規則動詞の変化表

不定形	直説法現在	過去基本形	過去分詞
an|bieten 提供する		bot…an	angeboten
backen 焼く	*du* bäckst(backst) *er* bäckt(backt)	backte	gebacken
befehlen 命令する	*du* befiehlst *er* befiehlt	befahl	befohlen
beginnen 始まる		begann	begonnen
bitten 頼む		bat	gebeten
bleiben とどまる		blieb	geblieben
braten 焼く	*du* brätst *er* brät	briet	gebraten
brechen 折る	*du* brichst *er* bricht	brach	gebrochen
brennen 燃える		brannte	gebrannt
bringen 持っていく		brachte	gebracht
denken 考える		dachte	gedacht
dürfen …してもよい	*ich* darf *du* darfst *er* darf	durfte	dürfen(gedurft)
ein|laden 招待する	*du* lädst…ein *er* lädt…ein	lud…ein	eingeladen

empfehlen 勧める	*du* empfiehlst *er* empfiehlt	empfahl	empfohlen
entscheiden 決定する		entschied	entschieden
essen 食べる	*du* isst *er* isst	aß	gegessen
fahren （乗り物で）行く	*du* fährst *er* fährt	fuhr	gefahren
fallen 落ちる	*du* fällst *er* fällt	fiel	gefallen
fangen つかむ	*du* fängst *er* fängt	fing	gefangen
finden 見つける		fand	gefunden
fliegen 飛ぶ		flog	geflogen
fließen 流れる		floss	geflossen
frieren 寒く感じる		fror	gefroren
geben 与える	*du* gibst *er* gibt	gab	gegeben
gehen 行く		ging	gegangen
gelingen うまくいく		gelang	gelungen
gelten 有効である	*du* giltst *er* gilt	galt	gegolten
genießen 楽しむ		genoss	genossen

不定形	直説法現在	過去基本形	過去分詞
geschehen 起こる	*es* geschieht	geschah	geschehen
gewinnen 勝つ		gewann	gewonnen
greifen つかむ		griff	gegriffen
haben 持っている	*du* hast *er* hat	hatte	gehabt
halten 持っている	*du* hältst *er* hält	hielt	gehalten
hängen 掛かっている		hing	gehangen
heißen (…という)名前である		hieß	geheißen
helfen 助ける	*du* hilfst *er* hilft	half	geholfen
kennen 知っている		kannte	gekannt
klingen 鳴る		klang	geklungen
kommen 来る		kam	gekommen
können …できる	*ich* kann *du* kannst *er* kann	konnte	können (gekonnt)
lassen …させる	*du* lässt *er* lässt	ließ	gelassen (lassen)
laufen 走る	*du* läufst *er* läuft	lief	gelaufen

leihen 貸す		lieh	geliehen
lesen 読む	*du* liest *er* liest	las	gelesen
liegen 横たわっている		lag	gelegen
lügen うそをつく		log	gelogen
messen はかる	*du* misst *er* misst	maß	gemessen
mögen …かもしれない	*ich* mag *du* magst *er* mag	mochte	mögen(gemocht)
müssen …しなければならない	*ich* muss *du* musst *er* muss	musste	müssen(gemusst)
nehmen 取る	*du* nimmst *er* nimmt	nahm	genommen
nennen 名づける		nannte	genannt
raten アドバイスする	*du* rätst *er* rät	riet	geraten
riechen においがする		roch	gerochen
rufen 呼ぶ		rief	gerufen
schaffen 創造する		schuf	geschaffen
scheinen 輝く		schien	geschienen

不定形	直説法現在	過去基本形	過去分詞
schlafen 眠る	*du* schläfst *er* schläft	**schlief**	**geschlafen**
schlagen 打つ	*du* schlägst *er* schlägt	**schlug**	**geschlagen**
schließen 閉める		**schloss**	**geschlossen**
schneiden 切る		**schnitt**	**geschnitten**
schreiben 書く		**schrieb**	**geschrieben**
schreien 叫ぶ		**schrie**	**geschrien**
schweigen 黙っている		**schwieg**	**geschwiegen**
schwimmen 泳ぐ		**schwamm**	**geschwommen**
sehen 見る	*du* siehst *er* sieht	**sah**	**gesehen**
sein (…で)ある	*ich* bin *wir* sind *du* bist *ihr* seid *er* ist *sie* sind	**war**	**gewesen**
singen 歌う		**sang**	**gesungen**
sinken 沈む		**sank**	**gesunken**
sitzen 座っている		**saß**	**gesessen**
sollen …すべきだ	*ich* soll *du* sollst *er* soll	**sollte**	**sollen(gesollt)**

sprechen 話す	*du* sprichst *er* spricht	**sprach**	**gesprochen**
springen 跳ぶ		**sprang**	**gesprungen**
stehen 立っている		**stand**	**gestanden**
stehlen 盗む	*du* stiehlst *er* stiehlt	**stahl**	**gestohlen**
steigen のぼる		**stieg**	**gestiegen**
sterben 死ぬ	*du* stirbst *er* stirbt	**starb**	**gestorben**
stoßen 突く	*du* stößt *er* stößt	**stieß**	**gestoßen**
streiten けんかする		**stritt**	**gestritten**
tragen 運ぶ	*du* trägst *er* trägt	**trug**	**getragen**
treffen 会う	*du* triffst *er* trifft	**traf**	**getroffen**
treiben 追い立てる		**trieb**	**getrieben**
treten 歩む	*du* trittst *er* tritt	**trat**	**getreten**
trinken 飲む		**trank**	**getrunken**
tun する	*ich* tue *du* tust *er* tut	**tat**	**getan**
unterscheiden 区別する		**unterschied**	**unterschieden**

不定形	直説法現在	過去基本形	過去分詞
verbieten 禁止する		**verbot**	**verboten**
vergessen 忘れる	*du* vergisst *er* vergisst	**vergaß**	**vergessen**
vergleichen 比べる		**verglich**	**verglichen**
verlieren 失う		**verlor**	**verloren**
verschwinden 消える		**verschwand**	**verschwunden**
verzeihen 許す		**verzieh**	**verziehen**
wachsen 成長する	*du* wächst *er* wächst	**wuchs**	**gewachsen**
waschen 洗う	*du* wäschst *er* wäscht	**wusch**	**gewaschen**
werden (…に)なる	*du* wirst *er* wird	**wurde**	**geworden**(worden)
werfen 投げる	*du* wirfst *er* wirft	**warf**	**geworfen**
wiegen 重さがある		**wog**	**gewogen**
wissen 知っている	*ich* weiß *du* weißt *er* weiß	**wusste**	**gewusst**
wollen …するつもりだ	*ich* will *du* willst *er* will	**wollte**	**wollen**(gewollt)
ziehen 引く		**zog**	**gezogen**

索 引

赤太字……**5級レベル**
黒太字……4級レベル
黒細字……3級レベル

A

- **ab** ······· 141
- **Abend** ······· 16
- **abends** ······· 131
- **aber** ······· 61
- **ab|fahren** ······· 35
- **Abfahrt** ······· 91
- **ab|holen** ······· 112
- Abitur ······· 159
- ab|nehmen ······· 197
- Abschied ······· 162
- Absender ······· 144
- Absicht ······· 149
- **ach** ······· 138
- **Achtung** ······· 77
- **Adresse** ······· 12
- Affe ······· 167
- **ähnlich** ······· 123
- Ahnung ······· 149
- **Alkohol** ······· 81
- **all** ······· 58
- Allee ······· 152
- **allein** ······· 115
- allerdings ······· 213
- **als** ······· 62
- **also** ······· 60
- **alt** ······· 40
- **Alte** ······· 73
- Alter ······· 161
- Ampel ······· 152
- **an** ······· 66
- an|bieten ······· 175
- **ander** ······· 47

- **ändern** ······· 105
- **anders** ······· 123
- **Anfang** ······· 17
- **an|fangen** ······· 33
- Angabe ······· 158
- **Angebot** ······· 85
- angeln ······· 107
- angenehm ······· 199
- **Angestellte** ······· 74
- **Angst** ······· 77
- **an|kommen** ······· 36
- **Ankunft** ······· 91
- an|machen ······· 178
- an|melden ······· 183
- Anmeldung ······· 157
- **Anruf** ······· 89
- **an|rufen** ······· 25
- an|sehen ······· 173
- **Antwort** ······· 12
- **antworten** ······· 32
- Anwalt ······· 145
- Anzeige ······· 157
- an|ziehen ······· 178
- **Anzug** ······· 82
- **Apfel** ······· 9
- **Apotheke** ······· 84
- **Apparat** ······· 79
- **Appetit** ······· 76
- **Arbeit** ······· 11
- **arbeiten** ······· 34
- **Arbeiter** ······· 4
- **arbeitslos** ······· 116
- **Arbeitsplatz** ······· 85
- **arm** ······· 40

- **Arm** ······· 76
- **Arzt** ······· 4
- Astronaut ······· 146
- Atem ······· 148
- atmen ······· 171
- Atmosphäre ······· 166
- **Atom** ······· 94
- **auch** ······· 60
- **auf** ······· 66
- **Aufenthalt** ······· 91
- **Aufgabe** ······· 87
- auf|gehen ······· 190
- **auf|hören** ······· 112
- **auf|machen** ······· 103
- aufmerksam ······· 200
- Aufsatz ······· 159
- **auf|stehen** ······· 101
- **Auge** ······· 75
- Augenblick ······· 167
- **aus** ······· 63
- Ausdruck ······· 160
- **Ausflug** ······· 83
- **Ausgang** ······· 78
- **aus|gehen** ······· 103
- ausgezeichnet ······· 203
- Auskunft ······· 157
- **Ausland** ······· 13
- **Ausländer** ······· 72
- ausländisch ······· 207
- **aus|machen** ······· 103
- Aussage ······· 161
- **aus|sehen** ······· 105
- außer ······· 141
- außerdem ······· 137

231

☐ außerhalb · · · · · 140	☐ **begegnen** · · · · · 100	☐ Bewegung · · · · · 165
☐ **Aussprache** · · · · · 88	☐ **beginnen** · · · · · 112	☐ bezahlen · · · · · 29
☐ aus|sprechen · · · · · 110	☐ begleiten · · · · · 175	☐ Beziehung · · · · · 165
☐ aus|steigen · · · · · 36	☐ Begriff · · · · · 160	☐ Bibel · · · · · 162
☐ **Ausweis** · · · · · 85	☐ **begrüßen** · · · · · 98	☐ **Bibliothek** · · · · · 80
☐ Auto · · · · · 13	☐ **behalten** · · · · · 104	☐ Bier · · · · · 9
☐ **Autobahn** · · · · · 90	☐ behandeln · · · · · 182	☐ Bild · · · · · 10
☐ **Automat** · · · · · 85	☐ bei · · · · · 63	☐ bilden · · · · · 189
☐ **Autor** · · · · · 74	☐ beide · · · · · 58	☐ billig · · · · · 50
	☐ **Bein** · · · · · 76	☐ **Biologie** · · · · · 88
B	☐ beinahe · · · · · 212	☐ **Birne** · · · · · 81
	☐ **Beispiel** · · · · · 87	☐ bis · · · · · 65
☐ **Baby** · · · · · 72	☐ **bekannt** · · · · · 122	☐ **bisschen** · · · · · 136
☐ **Bach** · · · · · 94	☐ **Bekannte** · · · · · 72	☐ bitte · · · · · 59
☐ **backen** · · · · · 101	☐ bekommen · · · · · 27	☐ **Bitte** · · · · · 89
☐ **Bäcker** · · · · · 73	☐ **beliebt** · · · · · 122	☐ bitten · · · · · 25
☐ **Bäckerei** · · · · · 85	☐ **benutzen** · · · · · 104	☐ bitter · · · · · 204
☐ Bad · · · · · 6	☐ **Benzin** · · · · · 90	☐ **Blatt** · · · · · 15
☐ **baden** · · · · · 102	☐ **beobachten** · · · · · 97	☐ blau · · · · · 49
☐ **Bahn** · · · · · 90	☐ **bequem** · · · · · 119	☐ bleiben · · · · · 31
☐ Bahnhof · · · · · 7	☐ bereit · · · · · 200	☐ **Bleistift** · · · · · 87
☐ **Bahnsteig** · · · · · 90	☐ Berg · · · · · 15	☐ **Blick** · · · · · 76
☐ bald · · · · · 53	☐ Beruf · · · · · 11	☐ **blicken** · · · · · 97
☐ **Balkon** · · · · · 78	☐ **berühmt** · · · · · 116	☐ **blind** · · · · · 115
☐ Band · · · · · 155	☐ **beschäftigen** · · · · · 182	☐ Blitz · · · · · 166
☐ Band · · · · · 155	☐ **beschäftigt** · · · · · 198	☐ **blond** · · · · · 117
☐ Bank · · · · · 7	☐ **besichtigen** · · · · · 188	☐ Blume · · · · · 15
☐ Bank · · · · · 7	☐ **besitzen** · · · · · 104	☐ **Bluse** · · · · · 82
☐ bar · · · · · 207	☐ **besonder** · · · · · 135	☐ **Blut** · · · · · 76
☐ **Bauch** · · · · · 76	☐ **besonders** · · · · · 134	☐ **Boden** · · · · · 78
☐ bauen · · · · · 189	☐ besser · · · · · 47	☐ Bonbon · · · · · 154
☐ **Bauer** · · · · · 75	☐ **best** · · · · · 127	☐ **Boot** · · · · · 90
☐ Baum · · · · · 15	☐ **bestehen** · · · · · 111	☐ böse · · · · · 115
☐ **Beamte** · · · · · 74	☐ bestellen · · · · · 29	☐ braten · · · · · 178
☐ **bedeuten** · · · · · 101	☐ **Besuch** · · · · · 89	☐ brauchen · · · · · 31
☐ **Bedeutung** · · · · · 88	☐ besuchen · · · · · 26	☐ braun · · · · · 49
☐ **Bedienung** · · · · · 155	☐ betrachten · · · · · 173	☐ **Braut** · · · · · 72
☐ **Bedingung** · · · · · 165	☐ Bett · · · · · 6	☐ brechen · · · · · 189
☐ befehlen · · · · · 177	☐ **bevor** · · · · · 139	☐ **breit** · · · · · 124

- ☐ Breite · 168
- ☐ brennen · 190
- ☐ **Brief** · 12
- ☐ **Briefmarke** · 89
- ☐ **Brille** · 10
- ☐ bringen · 39
- ☐ **Brot** · 8
- ☐ Brötchen · 154
- ☐ **Brücke** · 79
- ☐ **Bruder** · 3
- ☐ **Brunnen** · 79
- ☐ Brust · 148
- ☐ **Buch** · 11
- ☐ **Buchhandlung** · 84
- ☐ **Buchstabe** · 88
- ☐ bunt · 204
- ☐ Burg · 152
- ☐ **Bürger** · 72
- ☐ **Büro** · 11
- ☐ **Bus** · 13
- ☐ **Butter** · 9

C

- ☐ **Café** · 80
- ☐ **Cent** · 93
- ☐ Chance · 163
- ☐ Charakter · 150
- ☐ **Chef** · 74
- ☐ **Chemie** · 88
- ☐ Christ · 162
- ☐ Christentum · 162
- ☐ **Computer** · 6

D

- ☐ da · 62
- ☐ **dabei** · 130
- ☐ Dach · 150
- ☐ damals · 132
- ☐ **Dame** · 2
- ☐ damit · 140
- ☐ Dank · 77
- ☐ danke · 59
- ☐ danken · 24
- ☐ dann · 53
- ☐ darauf · 130
- ☐ dar|stellen · 187
- ☐ darüber · 213
- ☐ darum · 135
- ☐ dass · 62
- ☐ Datum · 157
- ☐ dauern · 106
- ☐ dazu · 213
- ☐ Decke · 151
- ☐ decken · 196
- ☐ Demokratie · 163
- ☐ demokratisch · 205
- ☐ denken · 21
- ☐ denn · 61
- ☐ deshalb · 136
- ☐ Dichter · 147
- ☐ **dick** · 124
- ☐ Dieb · 144
- ☐ dienen · 184
- ☐ diesmal · 131
- ☐ Ding · 7
- ☐ **direkt** · 122
- ☐ diskutieren · 174
- ☐ doch · 59
- ☐ Doktor · 146
- ☐ **Donner** · 95
- ☐ **doppelt** · 136
- ☐ **Doppelzimmer** · 92
- ☐ **Dorf** · 7
- ☐ dort · 51
- ☐ draußen · 129
- ☐ drinnen · 129
- ☐ drücken · 196
- ☐ **dumm** · 43
- ☐ **dunkel** · 51
- ☐ dünn · 124
- ☐ **durch** · 65
- ☐ durchaus · 212
- ☐ **dürfen** · 20
- ☐ **Durst** · 5
- ☐ durstig · 115
- ☐ Dusche · 151
- ☐ duschen · 102
- ☐ Dutzend · 93

E

- ☐ **eben** · 133
- ☐ **echt** · 120
- ☐ **Ecke** · 78
- ☐ **egal** · 119
- ☐ Ehe · 164
- ☐ eher · 209
- ☐ **Ehre** · 77
- ☐ **Ei** · 9
- ☐ **eigentlich** · 137
- ☐ eilen · 191
- ☐ **eilig** · 198
- ☐ **einander** · 123
- ☐ ein|bilden · 171
- ☐ **einfach** · 121
- ☐ **Eingang** · 78
- ☐ **einige** · 137
- ☐ **ein|kaufen** · 109
- ☐ **ein|laden** · 26
- ☐ Einladung · 156
- ☐ **einmal** · 54
- ☐ einsam · 198
- ☐ ein|schlafen · 172
- ☐ **ein|steigen** · 36
- ☐ **Einzelzimmer** · 92

☐ einzig 136	☐ Erlaubnis 149	☐ **Familie** 3
☐ **Eis** 81	☐ erledigen 185	☐ **Familienname** ... 73
☐ Eisen 166	☐ **ernst** 117	☐ **fangen** 113
☐ **Eisenbahn** 90	☐ Ernte 162	☐ **Farbe** 84
☐ Element 166	☐ **erreichen** 107	☐ **fast** 121
☐ **Eltern** 3	☐ erscheinen 180	☐ **faul** 43
☐ **E-Mail** 13	☐ **erst** 55	☐ **fehlen** 106
☐ empfangen 179	☐ **Erwachsene** 72	☐ **Fehler** 87
☐ Empfänger 144	☐ erwarten 170	☐ **Feier** 156
☐ empfehlen 184	☐ **erzählen** 22	☐ **feiern** 100
☐ **Ende** 17	☐ Erzählung 161	☐ **Feiertag** 157
☐ enden 179	☐ erziehen 187	☐ **Feld** 94
☐ **endlich** 132	☐ Erziehung 158	☐ **Fenster** 6
☐ **eng** 45	☐ **essen** 28	☐ **Ferien** 12
☐ **Enkel** 73	☐ **Essen** 8	☐ **fern** 129
☐ entdecken 187	☐ Essig 155	☐ **fern|sehen** 102
☐ entfernt 208	☐ Esszimmer 151	☐ **Fernseher** 79
☐ enthalten 179	☐ **etwa** 134	☐ **fertig** 48
☐ **entlang** 141	☐ **etwas** 69	☐ fest 203
☐ entscheiden 193	☐ **Euro** 8	☐ **Fest** 89
☐ entschlossen 198	☐ **Europa** 13	☐ fett 204
☐ **entschuldigen** ... 26	☐ Europäer 144	☐ **Feuer** 14
☐ Entschuldigung .. 163	☐ europäisch 207	☐ **Fieber** 4
☐ **entweder** 140	☐ ewig 209	☐ **Film** 10
☐ entwickeln 180	☐ Examen 159	☐ **finden** 23
☐ Erdbeben 166	☐ **Export** 86	☐ **Finger** 76
☐ **Erde** 14		☐ **Firma** 11
☐ Erdgeschoss 151	# F	☐ **Fisch** 9
☐ **erfahren** 97		☐ Flasche 82
☐ Erfahrung 149	☐ **Fabrik** 85	☐ **Fleisch** 9
☐ erfinden 186	☐ Fach 158	☐ **fleißig** 43
☐ Erfolg 160	☐ **fahren** 34	☐ **fliegen** 35
☐ erhalten 179	☐ **Fahrer** 73	☐ fließen 190
☐ **erinnern** 97	☐ **Fahrkarte** 91	☐ Flug 162
☐ Erinnerung 149	☐ **Fahrrad** 13	☐ **Flughafen** 91
☐ Erkältung 149	☐ **Fahrt** 90	☐ **Flugzeug** 13
☐ erkennen 187	☐ Fall 160	☐ Flur 151
☐ **erklären** 33	☐ **fallen** 106	☐ **Fluss** 14
☐ erlauben 177	☐ **falsch** 48	☐ folgen 194

234

☐ fordern · · · · · · · · · · · 183	☐ **Fuß** · · · · · · · · · · · · · · · ·4	☐ gelten · · · · · · · · · · · · 183
☐ Form · · · · · · · · · · · · · · 168	☐ **Fußball** · · · · · · · · · · · · 83	☐ **Gemüse** · · · · · · · · · · · · ·9
☐ Formular · · · · · · · · · · 157	☐ Fußgänger · · · · · · · · · 144	☐ gemütlich · · · · · · · · · · 200
☐ Forschung · · · · · · · · · 159		☐ **genau** · · · · · · · · · · · · · 120
☐ fort · · · · · · · · · · · · · · · · 209	# G	☐ genießen · · · · · · · · · · 170
☐ Fortschritt · · · · · · · · · 165		☐ **genug** · · · · · · · · · · · · · 56
☐ **Foto** · · · · · · · · · · · · · · · 84	☐ **Gabel** · · · · · · · · · · · · · · 81	☐ genügen · · · · · · · · · · 173
☐ **fotografieren** · · · · · 107	☐ **ganz** · · · · · · · · · · · · · · · 56	☐ **Gepäck** · · · · · · · · · · · · 91
☐ **Frage** · · · · · · · · · · · · · · 12	☐ **gar** · · · · · · · · · · · · · · · 138	☐ **gerade** · · · · · · · · · · · · · 53
☐ **fragen** · · · · · · · · · · · · · 32	☐ Garage · · · · · · · · · · · 151	☐ geradeaus · · · · · · · · · 128
☐ **Frau** · · · · · · · · · · · · · · · · 2	☐ **Garten** · · · · · · · · · · · · · · 5	☐ Gericht · · · · · · · · · · · 152
☐ **frei** · · · · · · · · · · · · · · · · 40	☐ **Gast** · · · · · · · · · · · · · · · · 3	☐ **gern** · · · · · · · · · · · · · · · 48
☐ **Freiheit** · · · · · · · · · · · · 93	☐ Gasthaus · · · · · · · · · 152	☐ **Geschäft** · · · · · · · · · · · ·8
☐ freiwillig · · · · · · · · · · 198	☐ Gebäude · · · · · · · · · 151	☐ **geschehen** · · · · · · · · 106
☐ **fremd** · · · · · · · · · · · · · 122	☐ **geben** · · · · · · · · · · · · · · 27	☐ **Geschenk** · · · · · · · · · · ·8
☐ Fremde · · · · · · · · · · · 144	☐ **Gebiet** · · · · · · · · · · · · · 92	☐ **Geschichte** · · · · · · · · · 12
☐ **Fremdsprache** · · 88	☐ Gebirge · · · · · · · · · · 166	☐ **Geschirr** · · · · · · · · · · · 81
☐ **Freude** · · · · · · · · · · · · · · 5	☐ **geboren** · · · · · · · · · · · 115	☐ Geschmack · · · · · · · 150
☐ **freuen** · · · · · · · · · · · · · 23	☐ Geburtsort · · · · · · · · 153	☐ **Geschwister** · · · · · · 145
☐ **Freund** · · · · · · · · · · · · · · 3	☐ **Geburtstag** · · · · · · · · · 17	☐ **Gesellschaft** · · · · · · · 92
☐ **freundlich** · · · · · · · · · 42	☐ Gedanke · · · · · · · · · 149	☐ Gesetz · · · · · · · · · · · 164
☐ **Frieden** · · · · · · · · · · · · 93	☐ Gedicht · · · · · · · · · · 161	☐ **Gesicht** · · · · · · · · · · · · ·4
☐ frieren · · · · · · · · · · · · 172	☐ **gefährlich** · · · · · · · · · 204	☐ **Gespräch** · · · · · · · · · · 89
☐ **frisch** · · · · · · · · · · · · · · 46	☐ **gefallen** · · · · · · · · · · · · 24	☐ **gestern** · · · · · · · · · · · · 52
☐ Friseur · · · · · · · · · · · 146	☐ Gefühl · · · · · · · · · · · 149	☐ **gesund** · · · · · · · · · · · · 41
☐ **froh** · · · · · · · · · · · · · · · 116	☐ **gegen** · · · · · · · · · · · · · · 65	☐ **Gesundheit** · · · · · · · · 76
☐ **Frucht** · · · · · · · · · · · · · 80	☐ **Gegend** · · · · · · · · · · · · 92	☐ **Getränk** · · · · · · · · · · · · 81
☐ **früh** · · · · · · · · · · · · · · · · 54	☐ **gegenüber** · · · · · · · · 142	☐ Gewalt · · · · · · · · · · · 163
☐ **früher** · · · · · · · · · · · · 131	☐ Gegenwart · · · · · · · · 168	☐ **gewinnen** · · · · · · · · · 108
☐ **Frühling** · · · · · · · · · · · 17	☐ Gehalt · · · · · · · · · · · 157	☐ **Gewitter** · · · · · · · · · · · 95
☐ **Frühstück** · · · · · · · · · 10	☐ Gehalt · · · · · · · · · · · 157	☐ gewöhnen · · · · · · · · 181
☐ **frühstücken** · · · · · · 101	☐ **gehen** · · · · · · · · · · · · · · 34	☐ gewöhnlich · · · · · · · · 211
☐ **fühlen** · · · · · · · · · · · · · 25	☐ **gehören** · · · · · · · · · · · · 31	☐ **Glas** · · · · · · · · · · · · · · · 10
☐ **führen** · · · · · · · · · · · · 112	☐ **Geige** · · · · · · · · · · · · · · 84	☐ **glauben** · · · · · · · · · · · · 22
☐ **Führerschein** · · · · · 91	☐ Geist · · · · · · · · · · · · · 149	☐ **gleich** · · · · · · · · · · · · · · 47
☐ **füllen** · · · · · · · · · · · · · 113	☐ gelangen · · · · · · · · · 194	☐ gleichfalls · · · · · · · · · 211
☐ **für** · · · · · · · · · · · · · · · · · 65	☐ **gelb** · · · · · · · · · · · · · · · 49	☐ Gleis · · · · · · · · · · · · · 153
☐ furchtbar · · · · · · · · · · 203	☐ **Geld** · · · · · · · · · · · · · · · ·8	☐ **Glück** · · · · · · · · · · · · · · ·5
☐ **fürchten** · · · · · · · · · · · 96	☐ gelingen · · · · · · · · · · 182	☐ **glücklich** · · · · · · · · · · 41

☐ Gold · · · · · · · · · · 166	☐ handeln · · · · · · · · 182	☐ **hinter** · · · · · · · · · · 66
☐ golden · · · · · · · · 204	☐ **Handtasche** · · · · · · 83	☐ Hitze · · · · · · · · · · 167
☐ Gott · · · · · · · · · · 162	☐ **Handy** · · · · · · · · · · 83	☐ **Hobby** · · · · · · · · · · 83
☐ Grad · · · · · · · · · · 168	☐ **hängen** · · · · · · · · · 38	☐ **hoch** · · · · · · · · · · · 46
☐ Gramm · · · · · · · · 168	☐ hart · · · · · · · · · · · 125	☐ **Hochschule** · · · · · · 11
☐ **Gras** · · · · · · · · · · · 15	☐ **hässlich** · · · · · · · 117	☐ höchstens · · · · · · · 211
☐ **gratulieren** · · · · · 100	☐ häufig · · · · · · · · · · 211	☐ **Hochzeit** · · · · · · · · 88
☐ **grau** · · · · · · · · · · · 50	☐ **Hauptstadt** · · · · · · 80	☐ **hoffen** · · · · · · · · · · 96
☐ greifen · · · · · · · · · 194	☐ Hauptstraße · · · · · 153	☐ **hoffentlich** · · · · · · 121
☐ Grenze · · · · · · · · · 153	☐ **Haus** · · · · · · · · · · · · 5	☐ Höhe · · · · · · · · · · · 168
☐ Grippe · · · · · · · · · 149	☐ **Hausaufgabe** · · · · · 87	☐ **holen** · · · · · · · · · · · 38
☐ **groß** · · · · · · · · · · · 44	☐ **Hausfrau** · · · · · · · · 75	☐ Holz · · · · · · · · · · · · 95
☐ Größe · · · · · · · · · · 168	☐ **Heft** · · · · · · · · · · · · 87	☐ **hören** · · · · · · · · · · 24
☐ **Großmutter** · · · · · · 73	☐ heftig · · · · · · · · · · 203	☐ Hose · · · · · · · · · · · 82
☐ **Großstadt** · · · · · · · 80	☐ hegen · · · · · · · · · · 195	☐ **Hotel** · · · · · · · · · · · · 8
☐ **Großvater** · · · · · · · 73	☐ **Heimat** · · · · · · · · · 13	☐ **hübsch** · · · · · · · · · 117
☐ **grün** · · · · · · · · · · · 49	☐ **heiraten** · · · · · · · · 100	☐ Huhn · · · · · · · · · · · 167
☐ Grund · · · · · · · · · 165	☐ **heiß** · · · · · · · · · · · · 51	☐ **Hund** · · · · · · · · · · · 15
☐ Grundgesetz · · · · · 164	☐ **heißen** · · · · · · · · · · 26	☐ **Hunger** · · · · · · · · · · 4
☐ Grundschule · · · · · 158	☐ heiter · · · · · · · · · · 201	☐ **hungrig** · · · · · · · · 115
☐ **Gruppe** · · · · · · · · · 86	☐ Heizung · · · · · · · · 151	☐ husten · · · · · · · · · 171
☐ **Gruß** · · · · · · · · · · · 89	☐ **helfen** · · · · · · · · · · 26	☐ **Hut** · · · · · · · · · · · · 82
☐ **grüßen** · · · · · · · · · 98	☐ **hell** · · · · · · · · · · · · 51	
☐ günstig · · · · · · · · · 206	☐ **Hemd** · · · · · · · · · · 82	
☐ **gut** · · · · · · · · · · · · 47	☐ **her** · · · · · · · · · · · 130	**I**
☐ **Gymnasium** · · · · · · 11	☐ heraus · · · · · · · · · 208	
	☐ **Herbst** · · · · · · · · · · 17	☐ Idee · · · · · · · · · · · 160
H	☐ herein · · · · · · · · · 208	☐ **immer** · · · · · · · · · · 55
	☐ **Herr** · · · · · · · · · · · · 2	☐ **Import** · · · · · · · · · 86
☐ **Haar** · · · · · · · · · · · 75	☐ herrschen · · · · · · · 177	☐ **in** · · · · · · · · · · · · · 66
☐ **haben** · · · · · · · · · · 19	☐ her|stellen · · · · · · · 186	☐ indem · · · · · · · · · · 214
☐ Hafen · · · · · · · · · · 153	☐ **Herz** · · · · · · · · · · · · 4	☐ Industrie · · · · · · · · 157
☐ **halb** · · · · · · · · · · · 58	☐ **herzlich** · · · · · · · · 117	☐ Information · · · · · · 157
☐ **hallo** · · · · · · · · · · 138	☐ **heute** · · · · · · · · · · 52	☐ **Ingenieur** · · · · · · · 74
☐ **Hals** · · · · · · · · · · · 75	☐ **hier** · · · · · · · · · · · · 51	☐ Inhalt · · · · · · · · · · 157
☐ **halten** · · · · · · · · · · 38	☐ **Hilfe** · · · · · · · · · · · 89	☐ **innerhalb** · · · · · · · 140
☐ **Haltestelle** · · · · · · 91	☐ **Himmel** · · · · · · · · · 14	☐ Insel · · · · · · · · · · · 94
☐ **Hand** · · · · · · · · · · · 4	☐ **hin** · · · · · · · · · · · 130	☐ **insgesamt** · · · · · · 137
☐ **Handel** · · · · · · · · · 86	☐ hindern · · · · · · · · · 196	☐ Institut · · · · · · · · · 158
		☐ **interessant** · · · · · · 48

- ☐ Interesse ········ 149
- ☐ **interessieren** ······· 97
- ☐ international ······· 206
- ☐ inzwischen ········ 210

J

- ☐ ja ········ 59
- ☐ Jacke ········ 10
- ☐ Jahr ········ 16
- ☐ Jahreszeit ········ 167
- ☐ Jahrhundert ········ 168
- ☐ Jazz ········ 156
- ☐ je ········ 209
- ☐ jeder ········ 69
- ☐ jedoch ········ 212
- ☐ jemand ········ 70
- ☐ jetzt ········ 53
- ☐ **Job** ········ 85
- ☐ jobben ········ 183
- ☐ Journalist ········ 146
- ☐ **Jugend** ········ 72
- ☐ jung ········ 40
- ☐ Junge ········ 2
- ☐ Jura ········ 158
- ☐ Jurist ········ 145

K

- ☐ Kaffee ········ 10
- ☐ Kaiser ········ 147
- ☐ kalt ········ 50
- ☐ Kamera ········ 6
- ☐ **Kamerad** ········ 72
- ☐ kämpfen ········ 196
- ☐ Kanzler ········ 147
- ☐ Kapitalismus ········ 164
- ☐ kaputt ········ 47
- ☐ **Kartoffel** ········ 80

- ☐ **Käse** ········ 80
- ☐ **Kasse** ········ 85
- ☐ **Kasten** ········ 79
- ☐ Katze ········ 15
- ☐ kaufen ········ 28
- ☐ Kaufhaus ········ 8
- ☐ Kaufmann ········ 145
- ☐ **kaum** ········ 135
- ☐ **Keller** ········ 78
- ☐ **Kellner** ········ 74
- ☐ kennen ········ 22
- ☐ **kennen|lernen** ········ 99
- ☐ **Kenner** ········ 75
- ☐ **Kenntnis** ········ 87
- ☐ **Kern** ········ 154
- ☐ **Kerze** ········ 79
- ☐ **Kilometer** ········ 93
- ☐ Kind ········ 2
- ☐ Kindergarten ········ 158
- ☐ **Kino** ········ 80
- ☐ Kirche ········ 7
- ☐ **klar** ········ 119
- ☐ **Klasse** ········ 86
- ☐ klassisch ········ 202
- ☐ **Klavier** ········ 84
- ☐ **Kleid** ········ 82
- ☐ **Kleidung** ········ 82
- ☐ klein ········ 44
- ☐ **Klima** ········ 95
- ☐ klingeln ········ 180
- ☐ klingen ········ 179
- ☐ **klopfen** ········ 104
- ☐ klug ········ 43
- ☐ **Knie** ········ 148
- ☐ **Knochen** ········ 148
- ☐ **Knopf** ········ 155
- ☐ **Koch** ········ 73
- ☐ kochen ········ 28
- ☐ **Koffer** ········ 92

- ☐ **Kohl** ········ 154
- ☐ **Kollege** ········ 72
- ☐ komisch ········ 200
- ☐ kommen ········ 34
- ☐ Kommunismus ········ 163
- ☐ König ········ 147
- ☐ Königin ········ 147
- ☐ können ········ 20
- ☐ Konto ········ 153
- ☐ **Konzert** ········ 84
- ☐ Kopf ········ 4
- ☐ **Kopfschmerzen** ········ 76
- ☐ **Korb** ········ 79
- ☐ **Körper** ········ 76
- ☐ kosten ········ 29
- ☐ kostenlos ········ 207
- ☐ Kraft ········ 163
- ☐ Kraftwerk ········ 158
- ☐ krank ········ 41
- ☐ **Kranke** ········ 72
- ☐ **Krankenhaus** ········ 80
- ☐ Krankenpfleger ········ 146
- ☐ **Krankheit** ········ 76
- ☐ **Krawatte** ········ 82
- ☐ Kreditkarte ········ 153
- ☐ **Kreis** ········ 88
- ☐ Kreuzung ········ 152
- ☐ **Krieg** ········ 93
- ☐ kriegen ········ 195
- ☐ Küche ········ 6
- ☐ Kuchen ········ 9
- ☐ **Kugelschreiber** ········ 87
- ☐ Kuh ········ 167
- ☐ kühl ········ 127
- ☐ Kühlschrank ········ 151
- ☐ kühn ········ 201
- ☐ **Kultur** ········ 84
- ☐ kümmern ········ 176
- ☐ **Kunde** ········ 85

- ☐ **Kunst** · · · · · · · · · 84
- ☐ **Künstler** · · · · · · · 74
- ☐ Kurs · · · · · · · · · · · · 159
- ☐ **kurz** · · · · · · · · · · · 44
- ☐ **Kuss** · · · · · · · · · · · 89
- ☐ **küssen** · · · · · · · · · 98

L

- ☐ **lächeln** · · · · · · · · · 97
- ☐ **lachen** · · · · · · · · · 24
- ☐ **Laden** · · · · · · · · · · 84
- ☐ **Lampe** · · · · · · · · · · 79
- ☐ **Land** · · · · · · · · · · · 14
- ☐ landen · · · · · · · · · · 191
- ☐ **Landschaft** · · · · · · 94
- ☐ Landwirtschaft · · · 157
- ☐ **lang** · · · · · · · · · · · · 44
- ☐ **lange** · · · · · · · · · · 133
- ☐ **langsam** · · · · · · · · 45
- ☐ **langweilig** · · · · · · 118
- ☐ Lärm · · · · · · · · · · · 165
- ☐ **lassen** · · · · · · · · · 114
- ☐ **laufen** · · · · · · · · · · 35
- ☐ Laune · · · · · · · · · · 150
- ☐ **laut** · · · · · · · · · · · · 46
- ☐ **leben** · · · · · · · · · · · 29
- ☐ **Leben** · · · · · · · · · · · 5
- ☐ lebendig · · · · · · · · 199
- ☐ Lebensmittel · · · · · 154
- ☐ **ledig** · · · · · · · · · · · 116
- ☐ **leer** · · · · · · · · · · · · 125
- ☐ **legen** · · · · · · · · · · · 37
- ☐ **lehren** · · · · · · · · · 111
- ☐ **Lehrer** · · · · · · · · · · · 4
- ☐ **leicht** · · · · · · · · · · · 45
- ☐ **leider** · · · · · · · · · · · 48
- ☐ **leid|tun** · · · · · · · · · 96
- ☐ **leihen** · · · · · · · · · 100

- ☐ **leise** · · · · · · · · · · · 42
- ☐ **lernen** · · · · · · · · · · 32
- ☐ **lesen** · · · · · · · · · · · 32
- ☐ **letzt** · · · · · · · · · · · · 55
- ☐ **Leute** · · · · · · · · · · · · 2
- ☐ **Licht** · · · · · · · · · · · 94
- ☐ **lieb** · · · · · · · · · · · · 122
- ☐ **Liebe** · · · · · · · · · · · · 5
- ☐ **lieben** · · · · · · · · · · 23
- ☐ **lieber** · · · · · · · · · · 119
- ☐ **Lied** · · · · · · · · · · · · 10
- ☐ liefern · · · · · · · · · · 185
- ☐ **liegen** · · · · · · · · · · 30
- ☐ **Linie** · · · · · · · · · · · 87
- ☐ **link** · · · · · · · · · · · · 128
- ☐ **links** · · · · · · · · · · · 52
- ☐ Liste · · · · · · · · · · · 158
- ☐ Liter · · · · · · · · · · · 168
- ☐ **Literatur** · · · · · · · · 84
- ☐ **Lkw** · · · · · · · · · · · · 90
- ☐ **loben** · · · · · · · · · · 101
- ☐ Loch · · · · · · · · · · · 166
- ☐ **Löffel** · · · · · · · · · · · 81
- ☐ **Lohn** · · · · · · · · · · · 86
- ☐ **los** · · · · · · · · · · · · 126
- ☐ **lösen** · · · · · · · · · · 110
- ☐ Lösung · · · · · · · · · 160
- ☐ **Luft** · · · · · · · · · · · · 94
- ☐ Luftpost · · · · · · · · 154
- ☐ **lügen** · · · · · · · · · · 176
- ☐ **Lust** · · · · · · · · · · · · 77
- ☐ lustig · · · · · · · · · · 200

M

- ☐ **machen** · · · · · · · · · 36
- ☐ Macht · · · · · · · · · · 163
- ☐ **Mädchen** · · · · · · · · · 2
- ☐ Magen · · · · · · · · · 148

- ☐ mal · · · · · · · · · · · · 213
- ☐ malen · · · · · · · · · · 188
- ☐ Maler · · · · · · · · · · 146
- ☐ **man** · · · · · · · · · · · · 69
- ☐ **manchmal** · · · · · · 134
- ☐ Mangel · · · · · · · · · 154
- ☐ **Mann** · · · · · · · · · · · · 2
- ☐ **Mannschaft** · · · · · · 83
- ☐ **Mantel** · · · · · · · · · · 82
- ☐ **Märchen** · · · · · · · · 12
- ☐ Mark · · · · · · · · · · · 169
- ☐ **Markt** · · · · · · · · · · · 84
- ☐ **Marktplatz** · · · · · · · 79
- ☐ Marmelade · · · · · · 154
- ☐ **Maschine** · · · · · · · · · 7
- ☐ **Mathematik** · · · · · · 88
- ☐ Mauer · · · · · · · · · · 153
- ☐ Maus · · · · · · · · · · · 167
- ☐ Medikament · · · · · 148
- ☐ Medizin · · · · · · · · · 148
- ☐ **Meer** · · · · · · · · · · · · 14
- ☐ **mehr** · · · · · · · · · · · 57
- ☐ **mehrere** · · · · · · · · 137
- ☐ **meinen** · · · · · · · · · 101
- ☐ **Meinung** · · · · · · · · 87
- ☐ **meist** · · · · · · · · · · · 57
- ☐ meistens · · · · · · · · 211
- ☐ Meister · · · · · · · · · 146
- ☐ Mensa · · · · · · · · · · 158
- ☐ **Mensch** · · · · · · · · · · 2
- ☐ Menü · · · · · · · · · · 155
- ☐ merken · · · · · · · · · 173
- ☐ messen · · · · · · · · · 186
- ☐ **Messer** · · · · · · · · · · 81
- ☐ **Meter** · · · · · · · · · · · 93
- ☐ Miete · · · · · · · · · · 151
- ☐ mieten · · · · · · · · · 105
- ☐ **Milch** · · · · · · · · · · · · 9
- ☐ **Million** · · · · · · · · · · 93

- ☐ Minister · · · · · · · · · · · · 147
- ☐ Minute · · · · · · · · · · · · · · 16
- ☐ mit · · · · · · · · · · · · · · · · · · 63
- ☐ mit|bringen · · · · · · · · 104
- ☐ miteinander · · · · · · · 123
- ☐ mit|kommen · · · · · · · · 175
- ☐ mit|nehmen · · · · · · · · 109
- ☐ Mittag · · · · · · · · · · · · · · · 16
- ☐ mittags · · · · · · · · · · · · · 131
- ☐ Mitte · · · · · · · · · · · · · · · · · · 8
- ☐ mit|teilen · · · · · · · · · · · 174
- ☐ Mittel · · · · · · · · · · · · · · · · 87
- ☐ mitten · · · · · · · · · · · · · · 208
- ☐ Mitternacht · · · · · · · · · 168
- ☐ Möbel · · · · · · · · · · · · · · · 151
- ☐ möchte · · · · · · · · · · · · · · 21
- ☐ Mode · · · · · · · · · · · · · · · 156
- ☐ modern · · · · · · · · · · · · · 202
- ☐ mögen · · · · · · · · · · · · · · · 20
- ☐ möglich · · · · · · · · · · · · · 119
- ☐ Moment · · · · · · · · · · · · · 167
- ☐ Monat · · · · · · · · · · · · · · · 17
- ☐ monatlich · · · · · · · · · · · 133
- ☐ Mond · · · · · · · · · · · · · · · · 94
- ☐ morgen · · · · · · · · · · · · · · 53
- ☐ Morgen · · · · · · · · · · · · · · 16
- ☐ morgens · · · · · · · · · · · · 130
- ☐ Motorrad · · · · · · · · · · · · 90
- ☐ müde · · · · · · · · · · · · · · · · 42
- ☐ Mühe · · · · · · · · · · · · · · · 162
- ☐ Müll · · · · · · · · · · · · · · · · · 155
- ☐ Mund · · · · · · · · · · · · · · · · 75
- ☐ Münze · · · · · · · · · · · · · · · 85
- ☐ Museum · · · · · · · · · · · · · 80
- ☐ Musik · · · · · · · · · · · · · · · · 10
- ☐ Musiker · · · · · · · · · · · · · 146
- ☐ müssen · · · · · · · · · · · · · · 20
- ☐ Mut · · · · · · · · · · · · · · · · · 150
- ☐ Mutter · · · · · · · · · · · · · · · · 3

N

- ☐ nach · · · · · · · · · · · · · · · · · 63
- ☐ Nachbar · · · · · · · · · · · · 144
- ☐ nachdem · · · · · · · · · · · 139
- ☐ Nachmittag · · · · · · · · · · 16
- ☐ nachmittags · · · · · · · 131
- ☐ Nachricht · · · · · · · · · · · · 88
- ☐ nächst · · · · · · · · · · · · · · · 55
- ☐ Nacht · · · · · · · · · · · · · · · · 16
- ☐ Nachtisch · · · · · · · · · · · 155
- ☐ nachts · · · · · · · · · · · · · · 131
- ☐ nackt · · · · · · · · · · · · · · · 198
- ☐ nahe · · · · · · · · · · · · · · · · 129
- ☐ Nähe · · · · · · · · · · · · · · · · · 92
- ☐ Name · · · · · · · · · · · · · · · · · 2
- ☐ nämlich · · · · · · · · · · · · · 137
- ☐ Nase · · · · · · · · · · · · · · · · · 75
- ☐ nass · · · · · · · · · · · · · · · · 127
- ☐ Nation · · · · · · · · · · · · · · 163
- ☐ national · · · · · · · · · · · · · 206
- ☐ Natur · · · · · · · · · · · · · · · · 14
- ☐ natürlich · · · · · · · · · · · · · 60
- ☐ neben · · · · · · · · · · · · · · · 142
- ☐ Neffe · · · · · · · · · · · · · · · · 145
- ☐ nehmen · · · · · · · · · · · · · · 27
- ☐ nein · · · · · · · · · · · · · · · · · · 59
- ☐ nennen · · · · · · · · · · · · · 193
- ☐ nett · · · · · · · · · · · · · · · · · · 43
- ☐ Netz · · · · · · · · · · · · · · · · 152
- ☐ neu · · · · · · · · · · · · · · · · · · 46
- ☐ neuerdings · · · · · · · · · 210
- ☐ neulich · · · · · · · · · · · · · 210
- ☐ nicht · · · · · · · · · · · · · · · · · 59
- ☐ Nichte · · · · · · · · · · · · · · 145
- ☐ nichts · · · · · · · · · · · · · · · · 69
- ☐ nie · · · · · · · · · · · · · · · · · · · 56
- ☐ niedrig · · · · · · · · · · · · · · 124
- ☐ niemals · · · · · · · · · · · · · 138
- ☐ niemand · · · · · · · · · · · · · 70
- ☐ noch · · · · · · · · · · · · · · · · · 54
- ☐ Norden · · · · · · · · · · · · · · 17
- ☐ normal · · · · · · · · · · · · · · 201
- ☐ Not · · · · · · · · · · · · · · · · · 150
- ☐ nötig · · · · · · · · · · · · · · · 121
- ☐ Nummer · · · · · · · · · · · · · 94
- ☐ nun · · · · · · · · · · · · · · · · · 133
- ☐ nur · · · · · · · · · · · · · · · · · · 58
- ☐ nützen · · · · · · · · · · · · · · 178
- ☐ nützlich · · · · · · · · · · · · · 121

O

- ☐ ob · · · · · · · · · · · · · · · · · · · 62
- ☐ oben · · · · · · · · · · · · · · · · 127
- ☐ Ober · · · · · · · · · · · · · · · · · 74
- ☐ Obst · · · · · · · · · · · · · · · · · · 9
- ☐ obwohl · · · · · · · · · · · · · 139
- ☐ oder · · · · · · · · · · · · · · · · · 61
- ☐ offen · · · · · · · · · · · · · · · 125
- ☐ öffnen · · · · · · · · · · · · · · · 39
- ☐ oft · · · · · · · · · · · · · · · · · · · 56
- ☐ oh · · · · · · · · · · · · · · · · · · · 60
- ☐ ohne · · · · · · · · · · · · · · · · · 65
- ☐ Ohr · · · · · · · · · · · · · · · · · · 75
- ☐ Öl · · · · · · · · · · · · · · · · · · 154
- ☐ Onkel · · · · · · · · · · · · · · · · 73
- ☐ Oper · · · · · · · · · · · · · · · · 156
- ☐ Operation · · · · · · · · · · · 148
- ☐ operieren · · · · · · · · · · · 184
- ☐ Opfer · · · · · · · · · · · · · · · 162
- ☐ Orange · · · · · · · · · · · · · · 81
- ☐ Ordnung · · · · · · · · · · · · 164
- ☐ original · · · · · · · · · · · · · 124
- ☐ Ort · · · · · · · · · · · · · · · · · · 92
- ☐ Osten · · · · · · · · · · · · · · · 17
- ☐ Ostern · · · · · · · · · · · · · · · 88

P

- ☐ paar · · · · · · 136
- ☐ packen · · · · · · 105
- ☐ Paket · · · · · · 89
- ☐ Papier · · · · · · 7
- ☐ Park · · · · · · 79
- ☐ parken · · · · · · 104
- ☐ Partei · · · · · · 164
- ☐ Party · · · · · · 89
- ☐ Pass · · · · · · 91
- ☐ passen · · · · · · 109
- ☐ passieren · · · · · · 181
- ☐ Patient · · · · · · 144
- ☐ Pause · · · · · · 86
- ☐ Person · · · · · · 72
- ☐ persönlich · · · · · · 199
- ☐ Pfanne · · · · · · 82
- ☐ Pferd · · · · · · 167
- ☐ Pflanze · · · · · · 15
- ☐ pflegen · · · · · · 176
- ☐ Pflicht · · · · · · 93
- ☐ Pfund · · · · · · 168
- ☐ Philosoph · · · · · · 147
- ☐ Physik · · · · · · 158
- ☐ Pilz · · · · · · 154
- ☐ Pkw · · · · · · 90
- ☐ Plan · · · · · · 14
- ☐ Platz · · · · · · 8
- ☐ plötzlich · · · · · · 132
- ☐ Politik · · · · · · 92
- ☐ Polizei · · · · · · 7
- ☐ Polizist · · · · · · 75
- ☐ Portemonnaie · · · · · · 156
- ☐ Post · · · · · · 12
- ☐ Postamt · · · · · · 152
- ☐ Postkarte · · · · · · 89
- ☐ praktisch · · · · · · 207
- ☐ Preis · · · · · · 85
- ☐ preiswert · · · · · · 206
- ☐ prima · · · · · · 118
- ☐ Prinz · · · · · · 147
- ☐ Prinzessin · · · · · · 148
- ☐ pro · · · · · · 142
- ☐ probieren · · · · · · 109
- ☐ Problem · · · · · · 13
- ☐ Professor · · · · · · 74
- ☐ Programm · · · · · · 156
- ☐ Prozent · · · · · · 94
- ☐ Prozess · · · · · · 159
- ☐ prüfen · · · · · · 110
- ☐ Prüfung · · · · · · 12
- ☐ Publikum · · · · · · 144
- ☐ Pullover · · · · · · 155
- ☐ Punkt · · · · · · 87
- ☐ pünktlich · · · · · · 133
- ☐ Puppe · · · · · · 152
- ☐ putzen · · · · · · 102

Q

- ☐ Qualität · · · · · · 86
- ☐ Quelle · · · · · · 94
- ☐ quer · · · · · · 202
- ☐ Quittung · · · · · · 153

R

- ☐ Rad · · · · · · 90
- ☐ Radio · · · · · · 6
- ☐ radioaktiv · · · · · · 127
- ☐ rasieren · · · · · · 178
- ☐ Rat · · · · · · 89
- ☐ raten · · · · · · 174
- ☐ Rathaus · · · · · · 7
- ☐ Rätsel · · · · · · 163
- ☐ Räuber · · · · · · 145
- ☐ rauchen · · · · · · 28
- ☐ Raucher · · · · · · 144
- ☐ Raum · · · · · · 78
- ☐ rechnen · · · · · · 110
- ☐ Rechnung · · · · · · 159
- ☐ recht · · · · · · 128
- ☐ Recht · · · · · · 93
- ☐ rechts · · · · · · 52
- ☐ reden · · · · · · 99
- ☐ Regal · · · · · · 151
- ☐ Regel · · · · · · 164
- ☐ regelmäßig · · · · · · 206
- ☐ Regen · · · · · · 95
- ☐ Regenmantel · · · · · · 155
- ☐ Regenschirm · · · · · · 83
- ☐ Regierung · · · · · · 92
- ☐ regnen · · · · · · 34
- ☐ reich · · · · · · 40
- ☐ reichen · · · · · · 192
- ☐ reif · · · · · · 203
- ☐ rein · · · · · · 203
- ☐ Reis · · · · · · 8
- ☐ Reise · · · · · · 10
- ☐ Reisebüro · · · · · · 91
- ☐ reisen · · · · · · 35
- ☐ Religion · · · · · · 162
- ☐ Rente · · · · · · 165
- ☐ Reparatur · · · · · · 162
- ☐ reparieren · · · · · · 185
- ☐ Republik · · · · · · 92
- ☐ reservieren · · · · · · 188
- ☐ Restaurant · · · · · · 8
- ☐ retten · · · · · · 176
- ☐ Revolution · · · · · · 93
- ☐ Rezept · · · · · · 148
- ☐ Richter · · · · · · 145
- ☐ richtig · · · · · · 48
- ☐ Richtung · · · · · · 80
- ☐ riechen · · · · · · 172
- ☐ Riese · · · · · · 145

☐ Ring · · · · · · 156	☐ Schauspieler · · · · · 147	☐ Schrift · · · · · · 161
☐ **Rock** · · · · · · 82	☐ **Scheck** · · · · · · 85	☐ Schriftsteller · · · · · 147
☐ roh · · · · · · 204	☐ Schein · · · · · · 167	☐ Schuh · · · · · · 10
☐ Rolle · · · · · · 161	☐ scheinen · · · · · · 190	☐ schuldig · · · · · · 205
☐ **Roman** · · · · · · 84	☐ schenken · · · · · · 28	☐ Schule · · · · · · 11
☐ Rose · · · · · · 15	☐ Schere · · · · · · 152	☐ Schüler · · · · · · 11
☐ rot · · · · · · 49	☐ Scherz · · · · · · 150	☐ **Schulter** · · · · · · 75
☐ **Rücken** · · · · · · 75	☐ schicken · · · · · · 39	☐ schützen · · · · · · 195
☐ **rufen** · · · · · · 99	☐ Schicksal · · · · · · 163	☐ schwach · · · · · · 41
☐ Ruhe · · · · · · 150	☐ **Schiff** · · · · · · 90	☐ schwarz · · · · · · 50
☐ **ruhig** · · · · · · 126	☐ Schild · · · · · · 153	☐ **schweigen** · · · · · · 98
☐ Ruhm · · · · · · 150	☐ Schinken · · · · · · 154	☐ Schwein · · · · · · 167
☐ rund · · · · · · 202	☐ **Schirm** · · · · · · 83	☐ schwer · · · · · · 44
	☐ schlafen · · · · · · 30	☐ Schwester · · · · · · 3
# S	☐ schlagen · · · · · · 39	☐ **schwierig** · · · · · · 122
	☐ schlank · · · · · · 199	☐ **Schwimmbad** · · · · · · 83
☐ Sache · · · · · · 14	☐ schlecht · · · · · · 49	☐ schwimmen · · · · · · 35
☐ Saft · · · · · · 154	☐ **schließen** · · · · · · 103	☐ schwitzen · · · · · · 172
☐ sagen · · · · · · 25	☐ **schließlich** · · · · · · 132	☐ See · · · · · · 14
☐ Salat · · · · · · 9	☐ **schlimm** · · · · · · 118	☐ See · · · · · · 14
☐ **Salz** · · · · · · 81	☐ **Schloss** · · · · · · 79	☐ Seele · · · · · · 149
☐ **sammeln** · · · · · · 114	☐ Schluss · · · · · · 160	☐ sehen · · · · · · 24
☐ Sänger · · · · · · 146	☐ **Schlüssel** · · · · · · 79	☐ Sehenswürdigkeit · 153
☐ Satellit · · · · · · 166	☐ schmal · · · · · · 202	☐ sehr · · · · · · 56
☐ satt · · · · · · 42	☐ schmecken · · · · · · 102	☐ sein · · · · · · 19
☐ Satz · · · · · · 159	☐ **Schmerz** · · · · · · 77	☐ seit · · · · · · 64
☐ **sauber** · · · · · · 125	☐ Schmetterling · · · · · 167	☐ **Seite** · · · · · · 88
☐ **sauer** · · · · · · 126	☐ Schmuck · · · · · · 156	☐ **Sekretärin** · · · · · · 74
☐ Schach · · · · · · 156	☐ **schmutzig** · · · · · · 126	☐ Sekunde · · · · · · 16
☐ **schade** · · · · · · 118	☐ **Schnee** · · · · · · 95	☐ selbst · · · · · · 70
☐ schaden · · · · · · 181	☐ **schneiden** · · · · · · 113	☐ selten · · · · · · 56
☐ Schaden · · · · · · 157	☐ schneien · · · · · · 189	☐ **Semester** · · · · · · 86
☐ schaffen · · · · · · 185	☐ schnell · · · · · · 45	☐ senden · · · · · · 179
☐ schaffen · · · · · · 186	☐ **Schokolade** · · · · · · 81	☐ Sessel · · · · · · 151
☐ **Schalter** · · · · · · 79	☐ schon · · · · · · 54	☐ setzen · · · · · · 113
☐ scharf · · · · · · 202	☐ schön · · · · · · 46	☐ sich · · · · · · 70
☐ Schatten · · · · · · 148	☐ **Schrank** · · · · · · 78	☐ **sicher** · · · · · · 120
☐ schauen · · · · · · 173	☐ schreiben · · · · · · 32	☐ Silber · · · · · · 166
☐ Schauspiel · · · · · · 156	☐ schreien · · · · · · 171	☐ silbern · · · · · · 205

241

- **Silvester** 88
- singen 31
- sinken 192
- Sinn 160
- Sitte 164
- sitzen 30
- Sitzung 157
- **Ski** 83
- so 60
- Socken 155
- Sofa 6
- sofort 132
- sogar 134
- Sohn 3
- Soldat 146
- sollen 21
- Sommer 17
- sondern 61
- Sonne 14
- sonst 60
- Sorge 77
- sorgen 96
- Sorte 85
- Soße 155
- sowohl 214
- sozial 205
- sparen 109
- Spaß 77
- spät 54
- später 54
- spazieren 107
- **Spaziergang** 83
- Speisekarte 155
- **Spiegel** 78
- **Spiel** 83
- spielen 31
- **Sport** 10
- Sprache 12
- sprechen 25

- springen 194
- Spur 167
- **Staat** 92
- Stadt 7
- Stadtplan 152
- stammen 180
- stark 41
- **statt** 140
- **statt|finden** 108
- Staubsauger 152
- staunen 171
- stecken 196
- stehen 30
- stehlen 195
- steigen 192
- **Stein** 15
- **Stelle** 92
- stellen 37
- sterben 30
- **Stern** 94
- Stiefel 156
- **Stil** 88
- **still** 126
- **Stimme** 76
- **stimmen** 106
- **Stock** 78
- **Stoff** 83
- stolz 200
- stören 197
- stoßen 196
- Strafe 164
- Straße 7
- Straßenbahn 13
- Strecke 168
- streiten 197
- **streng** 117
- Strom 166
- Strumpf 155
- Stück 9

- Student 12
- Studentenheim 158
- studieren 32
- Studium 159
- Stufe 151
- Stuhl 6
- stumm 200
- Stunde 16
- Sturm 166
- stürzen 181
- **suchen** 113
- Süden 17
- **Supermarkt** 85
- Suppe 8
- süß 46
- Symbol 161
- System 164

T

- Tablette 148
- Tag 16
- **täglich** 133
- **Tante** 73
- **tanzen** 108
- Tasche 10
- **Tasse** 81
- Tatsache 160
- Taxi 13
- Technik 158
- technisch 207
- Technologie 159
- Tee 9
- **Teil** 94
- teilen 175
- **teil|nehmen** 100
- Telefon 6
- **telefonieren** 98
- **Teller** 81

- ☐ Temperatur 167
- ☐ **Tennis** 83
- ☐ **Teppich** 79
- ☐ teuer 50
- ☐ Theater 10
- ☐ tief 129
- ☐ Tier 15
- ☐ Tisch 6
- ☐ Tochter 3
- ☐ Tod 149
- ☐ Toilette 6
- ☐ **toll** 118
- ☐ **Tomate** 80
- ☐ **Ton** 84
- ☐ **Topf** 82
- ☐ tot 42
- ☐ **Tourist** 91
- ☐ tragen 37
- ☐ Träne 148
- ☐ Traube 154
- ☐ trauen 170
- ☐ Traum 5
- ☐ träumen 172
- ☐ traurig 41
- ☐ treffen 27
- ☐ treiben 194
- ☐ trennen 195
- ☐ **Treppe** 78
- ☐ treten 191
- ☐ trinken 28
- ☐ trocken 127
- ☐ Trost 150
- ☐ **trotz** 141
- ☐ trotzdem 212
- ☐ T-Shirt 155
- ☐ **Tuch** 83
- ☐ tüchtig 201
- ☐ tun 36
- ☐ Tür 5

- ☐ **Turm** 80
- ☐ Tüte 154
- ☐ **typisch** 123

U

- ☐ **U-Bahn** 90
- ☐ üben 187
- ☐ über 67
- ☐ **überall** 129
- ☐ **überhaupt** 135
- ☐ überlegen 170
- ☐ übermorgen 210
- ☐ übernachten 189
- ☐ überqueren 194
- ☐ überraschen 171
- ☐ **übersetzen** 111
- ☐ Übersetzung 161
- ☐ **übrigens** 139
- ☐ **Übung** 87
- ☐ Uhr 6
- ☐ um 65
- ☐ Umgebung 166
- ☐ um|steigen 192
- ☐ Umwelt 165
- ☐ um|ziehen 105
- ☐ **unbedingt** 138
- ☐ und 61
- ☐ **Unfall** 91
- ☐ ungefähr 134
- ☐ Unglück 165
- ☐ **Uniform** 82
- ☐ Universität 12
- ☐ **unmöglich** 119
- ☐ **unten** 128
- ☐ unter 67
- ☐ **unterhalten** 99
- ☐ Unterhaltung 161
- ☐ **Unternehmen** 86

- ☐ **Unterricht** 86
- ☐ unterscheiden 188
- ☐ Unterschied 165
- ☐ unterschreiben 183
- ☐ Unterschrift 153
- ☐ untersuchen 185
- ☐ Urlaub 11
- ☐ Ursache 160
- ☐ Urteil 164

V

- ☐ **Vase** 79
- ☐ Vater 3
- ☐ verantwortlich 205
- ☐ Verantwortung 164
- ☐ verbieten 177
- ☐ Verbrechen 162
- ☐ **verbringen** 108
- ☐ verdienen 182
- ☐ Verein 164
- ☐ Verfassung 164
- ☐ Vergangenheit 168
- ☐ vergessen 23
- ☐ vergleichen 187
- ☐ Vergnügen 150
- ☐ **Verhältnis** 93
- ☐ **verheiratet** 116
- ☐ **verkaufen** 108
- ☐ **Verkäuferin** 74
- ☐ **Verkehr** 90
- ☐ verlangen 184
- ☐ verlassen 197
- ☐ verletzen 181
- ☐ **verlieren** 114
- ☐ verpassen 180
- ☐ versäumen 181
- ☐ **verschieden** 123
- ☐ verschwinden 193

243

- ☐ Verspätung ········ 168
- ☐ versprechen ······· 174
- ☐ **verstehen** ········· 33
- ☐ Versuch ············ 162
- ☐ versuchen ········· 188
- ☐ **Vertrag** ············· 86
- ☐ vertreten ·········· 184
- ☐ Verwandte ········ 145
- ☐ verzeihen ········· 176
- ☐ **viel** ·················· 57
- ☐ **vielleicht** ········· 120
- ☐ Viertel ·············· 169
- ☐ violett ·············· 205
- ☐ **Visum** ··············· 91
- ☐ **Vogel** ··············· 15
- ☐ Volk ················· 163
- ☐ **voll** ················· 125
- ☐ **vollkommen** ····· 134
- ☐ **von** ················· 64
- ☐ **vor** ·················· 67
- ☐ voraus ············· 208
- ☐ **vorbei** ············· 130
- ☐ **vor|bereiten** ····· 111
- ☐ vorgestern ········ 210
- ☐ vor|haben ········· 188
- ☐ **vorher** ············· 133
- ☐ vor|kommen ······ 191
- ☐ Vorlesung ········· 159
- ☐ **Vormittag** ········· 16
- ☐ **vormittags** ······· 131
- ☐ **vorn** ················ 128
- ☐ **Vorname** ·········· 73
- ☐ Vorschlag ········· 161
- ☐ **Vorsicht** ············ 14
- ☐ vorsichtig ········· 201
- ☐ Vorstadt ··········· 153
- ☐ **vor|stellen** ········ 99
- ☐ Vorteil ·············· 160

W

- ☐ wach ··············· 199
- ☐ **wachsen** ········· 107
- ☐ Waffe ··············· 158
- ☐ **Wagen** ············· 13
- ☐ Wahl ················ 164
- ☐ **wählen** ············ 112
- ☐ **wahr** ··············· 120
- ☐ **während** ·········· 141
- ☐ Wahrheit ·········· 160
- ☐ **wahrscheinlich** · 120
- ☐ Währung ·········· 165
- ☐ **Wald** ················ 15
- ☐ **Wand** ··············· 78
- ☐ wandern ··········· 191
- ☐ **wann** ··············· 68
- ☐ **Ware** ················ 86
- ☐ **warm** ··············· 51
- ☐ **warten** ············· 27
- ☐ **warum** ············· 68
- ☐ **was** ················· 68
- ☐ **Wäsche** ············ 82
- ☐ **waschen** ········· 102
- ☐ Waschmaschine · 151
- ☐ **Wasser** ············· 14
- ☐ wechseln ·········· 175
- ☐ wecken ············ 177
- ☐ Wecker ············ 152
- ☐ **weder** ············· 140
- ☐ **weg** ················· 52
- ☐ **Weg** ·················· 7
- ☐ **wegen** ············· 63
- ☐ weh|tun ············ 172
- ☐ **weich** ············· 125
- ☐ **Weihnachten** ····· 17
- ☐ **weil** ················· 63
- ☐ **Wein** ·················· 9
- ☐ weinen ·············· 25

- ☐ Weise ·············· 159
- ☐ **weiß** ················ 49
- ☐ **weit** ················· 45
- ☐ **weiter** ············· 135
- ☐ **Welt** ················· 13
- ☐ **Weltraum** ·········· 94
- ☐ **wenig** ··············· 57
- ☐ wenigstens········ 211
- ☐ **wenn** ··············· 62
- ☐ **wer** ················· 68
- ☐ **werden** ············· 19
- ☐ **werfen** ············ 114
- ☐ **Werk** ················ 11
- ☐ Wesen ············· 161
- ☐ **Westen** ············· 17
- ☐ **Wetter** ·············· 15
- ☐ **wichtig** ············· 47
- ☐ **wie** ················· 68
- ☐ **wieder** ············· 56
- ☐ **wiederholen** ····· 111
- ☐ **Wiedersehen** ······ 3
- ☐ wiegen ············· 186
- ☐ Wiese ·············· 166
- ☐ wieso ··············· 213
- ☐ **wie viel** ············ 68
- ☐ wild ················· 203
- ☐ Wille ················ 149
- ☐ **willkommen** ····· 123
- ☐ **Wind** ················ 15
- ☐ winken ············· 174
- ☐ **Winter** ·············· 17
- ☐ **wirklich** ··········· 121
- ☐ Wirklichkeit ······· 160
- ☐ **Wirtschaft** ········· 92
- ☐ wirtschaftlich ····· 206
- ☐ **wissen** ············· 22
- ☐ Wissenschaft ····· 158
- ☐ Witz ················· 150
- ☐ **wo** ·················· 68

- ☐ *Woche* 17
- ☐ Wochenende 156
- ☐ *woher* 69
- ☐ *wohin* 69
- ☐ **wohl** 115
- ☐ **Wohl** 77
- ☐ *wohnen* 31
- ☐ *Wohnung* 5
- ☐ **Wohnzimmer** 78
- ☐ **Wolke** 95
- ☐ *wollen* 21
- ☐ **Wort** 12
- ☐ **Wörterbuch** 88
- ☐ **Wunder** 163
- ☐ *wunderbar* 118
- ☐ **wundern** 96
- ☐ **Wunsch** 77
- ☐ **wünschen** 96
- ☐ **Wurst** 80

Z

- ☐ **Zahl** 93
- ☐ *zahlen* 29
- ☐ **zählen** 110
- ☐ *Zahn* 4
- ☐ Zahnarzt 145
- ☐ zart 201
- ☐ Zeichen 159
- ☐ *zeigen* 33
- ☐ Zeile 159
- ☐ *Zeit* 16
- ☐ Zeitschrift 152
- ☐ *Zeitung* 11
- ☐ **Zentimeter** 93
- ☐ zentral 208
- ☐ **Zentrum** 153
- ☐ **zerstören** 189
- ☐ Zeugnis 159
- ☐ *ziehen* 38
- ☐ Ziel 161
- ☐ *ziemlich* 135
- ☐ **Zigarette** 81
- ☐ *Zimmer* 5
- ☐ **Zivilisation** 92
- ☐ zögern 170
- ☐ Zoll 165
- ☐ Zone 165
- ☐ *zu* 64
- ☐ *Zucker* 9
- ☐ **zuerst** 132
- ☐ **zufällig** 212
- ☐ **zufrieden** 117
- ☐ *Zug* 13
- ☐ zugleich 209
- ☐ zu|hören 173
- ☐ Zukunft 168
- ☐ zuletzt 210
- ☐ **zu|machen** 103
- ☐ zu|nehmen 190
- ☐ Zunge 148
- ☐ *zurück* 52
- ☐ zurück|kommen 193
- ☐ *zusammen* 58
- ☐ Zustand 165
- ☐ zwar 139
- ☐ Zweck 161
- ☐ Zweifel 150
- ☐ zweifeln 170
- ☐ *zweit* 58
- ☐ **Zwiebel** 80
- ☐ *zwischen* 67

著者紹介
信岡　資生（のぶおか・よりお）　成城大学名誉教授
荻原　耕平（おぎわら・こうへい）　東京都立大学非常勤講師

独検対応
クラウン ドイツ語単語 1600 CD付き

2012年3月20日　第1刷発行
2024年3月10日　第11刷発行

著　者	信岡資生・荻原耕平
発行者	株式会社 三省堂　代表者 瀧本多加志
印刷者	三省堂印刷株式会社
発行所	株式会社 三省堂

〒102-8371
東京都千代田区麴町五丁目7番地2
電話　(03) 3230-9411
https://www.sanseido.co.jp/
商標登録番号　663091・663092

©NOBUOKA, Yorio 2012
Printed in Japan

〈ドイツ語単語1600 CD付き・256pp.〉
落丁本・乱丁本はお取り替えいたします。
ISBN978-4-385-36545-9

本書を無断で複写複製することは、著作権法上の例外を除き、禁じられています。また、本書を請負業者等の第三者に依頼してスキャン等によってデジタル化することは、たとえ個人や家庭内での利用であっても一切認められておりません。

本書の内容に関するお問い合わせは、弊社ホームページの「お問い合わせ」フォーム（https://www.sanseido.co.jp/support/）にて承ります。